Cómo blindar tu empleo

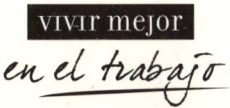

STEPHEN VISCUSI
───────────────

Cómo blindar tu empleo

Traducción de Pablo M. Migliozzi

VERGARA
GRUPO ZETA

Barcelona • Bogotá • Buenos Aires • Caracas • Madrid • México D.F. • Montevideo • Quito • Santiago de Chile

Título original: *Bulletproof Your Job*
Traducción: Pablo M. Migliozzi
1.ª edición: enero 2009

© 2008 by Stephen Viscusi
© Ediciones B, S. A., 2009
 para el sello Javier Vergara Editor
 Bailén, 84 - 08009 Barcelona (España)
 www.edicionesb.com

Publicado por acuerdo con Collins Business, un sello de HarperCollins Publishers

Printed in Spain
ISBN: 978-84-666-4043-5
Depósito legal: B. 50.388-2008

Impreso por LIBERDÚPLEX, S.L.U.
Ctra. BV 2249 Km 7,4 Polígono Torrentfondo
08791 - Sant Llorenç d'Hortons (Barcelona)

Todos los derechos reservados. Bajo las sanciones establecidas en las leyes, queda rigurosamente prohibida, sin autorización escrita de los titulares del *copyright*, la reproducción total o parcial de esta obra por cualquier medio o procedimiento, comprendidos la reprografía y el tratamiento informático, así como la distribución de ejemplares mediante alquiler o préstamo públicos.

Dedico este libro a todos los hombres y mujeres que sirven a nuestro país en diferentes partes del mundo. En particular a aquellos que prestan servicio en Afganistán e Irak, muchos de los cuales regresan a casa sin un trabajo que proteger.

Mi familia y yo tenemos muchos amigos que sirven en las fuerzas armadas y representan un arco iris de razas, religiones e incluso orientación sexual.

Agradezco a todos nuestros servidores y solicito que entre todos les ayudemos a encontrar trabajo cuando regresen a salvo. Rezo por aquellos que no han vuelto, ya que el principal trabajo que realizaron —el de proteger nuestra libertad— les costó la vida.

ÍNDICE

INTRODUCCIÓN   11

1

HACERSE VISIBLE   15

2

ACTUAR CON TRANQUILIDAD   73

3

SER ÚTIL   121

4

ESTAR PREPARADO   159

AGRADECIMIENTOS   203

INTRODUCCIÓN

En tiempos de una economía difícil, el principal bien que posees no es tu casa ni tus ahorros. Es tu trabajo.

Como mucha gente de negocios, he recibido la influencia del clásico de Sun Tzu, *El arte de la guerra* (*The Art of War*). Lo tengo siempre sobre mi mesa de trabajo como un recordatorio de que los negocios son como un combate, una competencia en ocasiones brutal por alcanzar el éxito que, o bien uno se toma muy en serio o deja de lado completamente. Asimismo, lo que ocurre en el lugar de trabajo se parece a una larga temporada de un *reality show* en el que cada empleado compite con los demás para conservar el empleo. ¿A que es desagradable? Pues bien, el trabajo no es una democracia. No podemos decidir mediante el voto cómo deberían ser las cosas, y la manera en que todo funciona no es justa en absoluto.

¿Vas sobrado de requisitos y experiencia? Estupendo. ¿Tienes un título ostentoso de una de las mejores universidades? Qué bien. Ésta es la cruda realidad: si no congenias con tu jefe, todos tus méritos y pedigrí no te llevarán a ningún sitio cuando tu puesto de trabajo esté en peligro. La gente comete siempre el mismo error al creer que lo importante es una buena labor y un currículum excelente. Lo que realmente importa es lo que tu jefe piensa acerca de ti. Así es, en pocas palabras. De modo que hazte a ti mismo una pregunta muy simple: «¿Le caigo bien a mi jefe?» Si tu respuesta es «No» o «No lo sé», tienes un problema. Parece injusto, pero así es como funcionan las cosas.

Como especialista en trayectorias profesionales, ámbitos laborales y selección de ejecutivos he observado un modelo de comportamiento conocido en relación con la gente y sus trabajos. Cuando la economía es fuerte la gente dedica una cantidad excesiva de tiempo a planear la búsqueda de un trabajo mejor o a preguntarse si debería cambiar de profesión o a replantearse por completo lo que está haciendo con su vida. Es el lujo de la abundancia: tienes un trabajo seguro, así que eres libre de dejarte tentar por cambios y transformaciones.

Sin embargo, cuando la economía se tambalea o un sector en particular está en crisis me preguntan una y otra vez: «¿Qué puedo hacer para proteger mi empleo?» Se acaban las preguntas fantasiosas acerca de la posibilidad de un contrato blindado. En su lugar sólo hay preguntas sobre la reducción de puestos de trabajo y los despidos, y la necesidad de sentirse seguro se vuelve primordial. Mi respuesta a esta pregunta es simple: si realmente te importa tu trabajo y tu profesión, puedes empezar a protegerlos ahora mismo. Si sólo te importa tu sueldo, no hay casi nada que pueda salvarte de que finalmente seas eliminado en beneficio de otro empleado que esté verdaderamente comprometido con su trabajo. Es la supervivencia del más apto en el entorno laboral.

Debes entender que tu trabajo es tu bien más valioso y que tu principal objetivo es blindarlo.

Así que si lo único que te preocupa es cómo vas a pagar el alquiler, es probable que poniendo en práctica algunas tácticas de este libro a fin de evitar una notificación de despido, consigas esquivar una bala hoy —quizás otra mañana—, pero el cumplimiento ocasional no va a salvar tu puesto de trabajo durante mucho tiempo. Porque no puedes fingir que estás protegiendo tu empleo. Eso requiere un compromiso auténtico con una estrategia destinada a blindar tanto tu profesión como tu puesto a corto y a largo plazo. Así que ya que estamos en el baile, bailemos.

Blindar tu puesto de trabajo exige que dejes de pregonar sobre los méritos y la justicia y empieces a mejorar la química con tu jefe. El trabajo es la guerra, y si van a despedir a alguien deja que sea el tipo que a tu jefe no le cae bien, no tú. Si no tienes agallas para aplicar este método, pásale este libro a alguien que las tenga y quédate mirando cómo conserva su empleo.

Mi estrategia sin evasivas para blindar tu puesto de trabajo se basa en cuatro preceptos muy simples que potenciarán al máximo tu valor y posibilidades para hoy y mañana:

Hacerse visible. Actuar con tranquilidad. Ser útil. Estar preparado.

Eso es todo. Una estrategia fácil de entender y secundada por cincuenta tácticas directas orientadas a la acción y basadas en los mecanismos reales de los ámbitos laborales que pueden ayudarte desde ahora a defender tu empleo. Valga la advertencia de que no puedes escoger una o dos áreas en las cuales ejercitarte e ignorar el resto. Hacerte visible no te ayudará si además no actúas con tranquilidad. Y ser útil no te servirá de mucho si no estás preparado para lo que podría venir. Sólo funcionan conjuntamente. Pero funcionan.

Todas y cada una de las tácticas de este libro están pensadas para concienciarte y favorecer un cambio de comportamiento. No las apliques sólo una vez para luego olvidarlas; apréndelas, ponlas en práctica y haz que formen parte de tus costumbres diarias. Unas resultarán más fáciles de incorporar a tu vida; dominar otras te puede llevar tiempo. Pero todas juntas te conducirán por un camino de autosuperación, confianza y seguridad, el mejor camino a seguir si deseas conservar el trabajo que ahora tienes y, llegado el momento, conseguir el trabajo que tú quieras.

STEPHEN VISCUSI
stephen@viscusi.com
www.bulletproofyourjob.com

1

HACERSE VISIBLE

He aquí una verdad irrefutable: si tus superiores no te ven o no saben quién eres, te conviertes en alguien fácil de despedir. Ojos que no ven, corazón que no siente, y de repente —¡zas!— ya no estás. Resaltar y mejorar tu presencia física y realzar tu imagen profesional son, en conjunto, los primeros pasos para reforzar la seguridad de tu puesto de trabajo.

Voy a serte sincero: lo que necesitas sobre todo es crear la impresión de ser más visible, más importante y en definitiva más valioso para tu empresa.

Eso no significa, por ejemplo, tener que trasnochar dos veces por semana para demostrar hasta qué punto estás comprometido con tu trabajo. Tienes que llegar a la oficina antes que tu jefe e irte después de que él se vaya, para dar a entender que estás allí todo el tiempo. Y debes hacer un esfuerzo para relacionarte con gente —compañeros, gerentes y hasta directores ejecutivos— que, sin ser conscientes de ello, pasarán a formar parte del equipo que te ayudará a blindar tu puesto de trabajo.

No se trata de cinismo, sino de ser práctico. Tampoco se trata de representar una farsa, sino de asegurarte de no pasar inadvertido en tiempos de crisis mientras se están tomando decisiones respecto a quién se va y quién se queda. **Porque el hombre invisible es el primero en irse.**

1. LLEGA TEMPRANO Y QUÉDATE HASTA TARDE

Un chiste dice que el ochenta por ciento del éxito consiste en hacerse ver. No estoy de acuerdo. Creo que el ochenta por ciento del éxito consiste en hacerse ver a primera hora. Es más, si se trata de proteger tu empleo la clave está en hacerse ver antes de que lleguen tus jefes. Lo demás es una combinación mágica de talento, esfuerzo excepcional y buena suerte. Pero de momento concentrémonos en aparecer temprano por la oficina, ¿vale?

Llegar temprano demuestra tu compromiso y dedicación. Por supuesto, basta con estar allí todos los días cinco minutos antes que tu jefe y tus compañeros para pasar por el trabajador más comprometido del mundo. Además de dejar claro a tus superiores que te tomas el trabajo lo bastante en serio para ser más que puntual, el hecho de llegar temprano —antes de que empiecen a sonar los teléfonos o de que tus compañeros empiecen a incordiar— te proporciona un tiempo valioso a fin de prepararte para el día que tienes por delante. O mejor dicho, te da tiempo de aparentar que ya estás preparado para empezar el día. Vale, es un farol, pero si lo adoptas como hábito siempre estarás diez pasos por delante de los idiotas que llegan tarde todos los días.

Lo mismo puede aplicarse a las reuniones o conferencias

> **PARA QUE LO SEPAS**
>
> No importa que tu empresa te pague la cuota del gimnasio o incluso que esté provista de un centro de salud en el mismo lugar de trabajo. Eso ayuda a mejorar la imagen de la empresa, no a bajar tu colesterol. Instalar un gimnasio ostentoso en el edificio de oficinas obedece exclusivamente a una estrategia de relaciones públicas; le da un aspecto estupendo a la empresa cuando la sacan en un famoso programa de televisión, pero no se espera que sus empleados lo utilicen. Lo mismo ocurre con esas bonitas mesas de billar, las habitaciones para dormir la siesta y los servicios de masajes ofrecidos por ejecutivos jóvenes y modernos. Si las acciones de tu empresa en la bolsa caen en picado, te aseguro que los gandules que juegan al billar serán despedidos mucho antes de que el jet privado de los ejecutivos sea puesto en venta en eBay. Así que está bien que elogies esos privilegios adicionales y que presumas de ellos delante de tus amigos, pero no debes dejar que te vean usándolos bajo ningún concepto.

telefónicas o cualquier otra clase de citas. Plántate allí con antelación a fin de organizar tus cosas. Llegar con retraso, parecer desorganizado y confundido no te ayuda a cultivar una buena imagen si lo que quieres es conservar tu trabajo. Tanto los jefes como los compañeros detestan que llegues tarde a las reuniones. Lo detestan. Así que no lo hagas.

A nadie le gustan los mártires, pero los gerentes adoran a un empleado dispuesto a quedarse hasta tarde para acabar el trabajo. Muéstrate dispuesto a quedarte el tiempo necesario a fin de completar un proyecto. Eso no te convierte en un esclavo de tu trabajo ni en el felpudo de tu jefe; hazlo siempre que convenga y demostrarás tu compromiso con el trabajo.

Se trata de otro farol muy sencillo: no te quedes hasta tarde, sólo hasta un poco más tarde. Con salir de la oficina diez minutos después de que se haya ido tu jefe es suficiente para reforzar la impresión de ser el empleado más comprometido del mundo. La gente que cada día dice «me largo de aquí» en el minuto exacto de su hora de salida está condenada a que le digan «largo de aquí» cuando llegue el momento de los recortes de plantilla.

Mientras estés atravesando ese momento, sáltate las dos horas de la comida: no te conviene ser un desaparecido en combate mientras se cuece algo importante en la oficina. Y no quieres que piensen que lo que haces durante el descanso —ir

PARA QUE LO SEPAS

Una cosa es trabajar durante la hora de la comida para respetar un plazo de entrega. Otra muy distinta es comer en tu escritorio todos los días. Como norma general, evítalo. Éstas son algunas de las razones:

- ▶ Es inapropiado. Tu escritorio es tu lugar de trabajo, no la mesa del comedor. No usarías un cortaúñas en tu escritorio (¿o sí?); pues tampoco deberías usar cuchillo y tenedor. Separar las actividades laborales de las personales —entre ellas la comida— refleja tus buenos modales en el trabajo.

- ▶ Es una falta de consideración hacia tus compañeros. Nadie tiene por qué oler tu bocadillo de atún o verte picotear palomitas de maíz en tu escritorio.

- ▶ Atenta contra tu imagen profesional. Incluso si llevas tu vianda al trabajo cada día, procura comer en la zona de comedores o salir fuera del edificio.

de compras, acudir al gimnasio o visitar al dentista— es más importante que el trabajo que tienes pendiente en tu escritorio. Las citas son para los fines de semana y el ejercicio físico se ha de dejar para antes o después del horario laboral. Si tienes que atender asuntos personales durante la hora del almuerzo, mantenlo en secreto. Nadie tiene que saber que estás en tu clase de pilates o haciéndote depilar las cejas, mucho menos tu jefe.

Sal de la oficina durante la hora del almuerzo o incluso vete a dar un paseo para despejar la mente. Mejor aún, hazlo mientras tu jefe está comiendo, así nunca verá que no estás trabajando ni tendrá que preguntarse dónde estás. Pero tómate veinte minutos o menos, salvo que tengas una comida de negocios, en cuyo caso asegúrate de que tu jefe sepa dónde estás y procura que no se prolongue más de una hora, noventa minutos a lo sumo.

Siempre hay alguien en la oficina que no puede estarse quieto en su silla; el que siempre se levanta para ir a por una taza de café, ir al lavabo diez veces al día, pasear continuamente para hacer visitas a sus amigos y ponerse a charlar con ellos. Ésta no es una estrategia de visibilidad muy efectiva. Evita las pausas frecuentes en el trabajo: no quieres que tu jefe piense que pasas más tiempo lejos de tu mesa que sentado a ella. Y cuando llegue la hora de hacer la pausa para el cigarrillo, una costumbre ya casi en extinción, ve y fuma como una chimenea, pero no dejes que tus superiores te vean merodear enfrente del edificio perdiendo el tiempo con un cigarrillo. Es una imagen totalmente desfavorecedora.

Sé prudente en cuanto a los días libres que solicitas. ¿Un viajecito de un mes en bicicleta por Italia? Déjalo para otro momento. Nadie dice que no puedas tomarte vacaciones o un fin de semana largo, ya que tienes derecho a ello. Sólo que deberías

> **PARA QUE LO SEPAS**
>
> Fumar es un hábito malo, poco atractivo y nocivo para la salud. Así que no fumes, a menos que tu jefe fume. Los fumadores se aprecian entre sí y los jefes que fuman adoran a los empleados que comparten el hábito. ¿Qué mejor ocasión para entablar vínculos afectivos con tu jefe que dar unas caladas juntos apoyado en la fachada del edificio? De hecho yo conocía a un «pelota» que empezó a fumar cuando se enteró de que su jefe era un adicto a la nicotina. Este hábito posiblemente perjudicaba sus pulmones, pero le permitía mantener una relación estrecha con su jefe que el resto de sus compañeros no eran capaces de entablar.

ser muy consciente del momento y de la impresión que podrías causar en tus jefes y compañeros al tomarte unos días libres, sobre todo cuando las cosas empiezan a ponerse difíciles en el trabajo. Los fines de semana para asistir a una boda por lo general están bien vistos; las vacaciones largas no, sobre todo si la empresa se halla en plena actividad o en recesión.

Siempre que hagas planes, presta mucha atención a lo que está ocurriendo en la oficina. Piensa en dividir tus vacaciones en períodos cortos de tres o cuatro días en lugar de tomarte dos semanas de un tirón, así no estarás ausente durante tanto tiempo.

Lo mismo puede aplicarse a los días de baja por enfermedad. Si tienes una tos seca o cuarenta de fiebre, no faltaría más, quédate en casa con todos esos gérmenes. Pero si sólo tienes resaca por haberte quedado viendo la final de la liga universitaria de baloncesto hasta la una de la madrugada con tus amigotes, no te quejes y ve a trabajar. No te conviene que te tomen por el tipo que siempre está de baja.

Y por cierto, menos aún te conviene que te tomen por alguien que necesita días de baja por depresión. Britney Spears necesita días de baja por depresión: muchísimos. Tú necesitas proteger tu puesto de trabajo. Así que a menos que estés ardiendo de fiebre más te vale estar en el trabajo al pie del cañón.

Por último, incluso si te permiten trabajar desde casa en lugar de ir a la oficina —por más que sólo sea un día a la semana— piénsatelo bien antes de aceptar, sobre todo si el ambiente está enrarecido. Porque en el momento menos pensado te verás «trabajando en casa» a tiempo completo; aquellos que optan por el trabajo desde casa son los primeros en ser despedidos. Ni tus jefes ni tus clientes recordarán hasta qué punto eres valioso si no te ven por allí.

▶▶▶ **Sé puntual.**
▶▶▶ **Crea la impresión de que estás siempre presente.**

2. TEN SIEMPRE BUENA PRESENCIA

Aunque trabajas de lunes a viernes en un ambiente informal, tu manera de vestir debería transmitir un mensaje de seriedad respecto al trabajo. O, lo que es más importante, de seriedad respecto a tu propósito de conservar el puesto de trabajo. Así que ve ahora mismo a tu armario y diseña una estrategia para vestirte como una persona seria.

En primer lugar, piensa en las regulaciones en materia de indumentaria de tu empresa. Si no están especificadas en el manual del empleado, echa un vistazo a tu alrededor para ha-

> **LOS ZAPATOS HACEN AL HOMBRE... Y A LA MUJER**
>
> Los zapatos encabezan la lista de cosas en las que la gente se fija primero. Para asegurarte de que estás transmitiendo el mensaje correcto a través de tus zapatos, has de saber que las mujeres deberían evitar el calzado deportivo, los zapatos brillantes, recargados y abiertos, y los tacones peligrosos. Los hombres deberían llevar zapatos negros o marrones (no botas) que sean de buena calidad y más bien clásicos. Ponte el mejor calzado que puedas permitirte; empeña lo que sea con tal de lucir un par de zapatos que proclamen el «éxito» más arrollador posible. En el caso del calzado, el precio suele ser un buen indicador de calidad, así que investiga para calcular el precio máximo que esté a tu alcance. Mantenlos siempre lustrosos y en buen estado; los tacones gastados y las punteras con marcas, así se trate de los zapatos más finos, te delatarán como una persona derrotada y no como alguien con futuro.

cer una valoración. ¿Cómo visten cada día los directivos? ¿Y los gerentes? ¿Tu supervisor? ¿Tus compañeros? Si no acostumbras a vestir mejor que tus compañeros y al menos tan bien como tu supervisor, estás desperdiciando una oportunidad fácil de impresionar a los directivos de una forma sutil aunque siempre positiva.

Sigue el ejemplo de la gente que dirige los asuntos importantes. Si los ejecutivos llevan cada día buenos trajes y corbatas, tú deberías llevar algo formal y acorde con tu trabajo. Pero si los directivos visten camisas hawaianas, aun así tú tienes que apuntar alto. La idea es llevar algo que te siente bien pero que en líneas generales sea del estilo de tus jefes; es la clase de halago sutil con el que se consigue todo.

Con esto no quiero decir que debas pasar de los tejanos y las sandalias Birkenstock a los trajes Armani de la noche a la mañana; si de repente empiezas a ir elegante, tus compañeros pensarán que estás acudiendo a entrevistas para un nuevo trabajo. Y ésa no es la manera de conservar el empleo que ya tienes, ¿verdad? Así que en lugar de engalanarte, procura personalizar tu imagen. Busca la manera de realzar tu aspecto sin que parezca que vienes de una sesión de maquillaje y peluquería.

Empieza por pasar revista a tu armario. Pruébate delante del espejo cada prenda de vestir que regularmente llevas al trabajo. Luego aparta todas aquellas que obtengan una sola respuesta negativa a las siguientes preguntas:

- ¿Es de buena calidad, está limpia, se encuentra en buen estado?
- ¿Me queda bien?
- ¿Me hace parecer profesional?
- ¿Me hace parecer una persona de éxito?
- ¿La llevaría en una reunión importante?

Aunque este ejercicio te obligue a descartar la mitad de tu vestuario habitual de trabajo, no tienes que salir a comprar ropa nueva. Con un poco de sentido común, las prendas restantes bastarán. Lucir un traje excelente tres veces a la semana es infinitamente mejor que llevar cinco trajes distintos que no te definen como un empleado competente, seguro de sí mismo y dinámico.

Mientras estés haciendo el test del espejo, échale un vistazo a tu cabello. Un buen corte de pelo es un signo de distinción, tan importante como la ropa que vistes. Y vale la pena que inviertas hasta el último céntimo con tal de acertar. De modo que:

➤ ¿Procuras llevar un buen corte de pelo a menudo o por lo general eres descuidado?
➤ ¿El peinado que llevas es apropiado para tu edad?
➤ ¿El color de tu pelo te favorece?
➤ ¿Mantienes ese color? (Dicho de otro modo, ¿se te ven las raíces o tienes algunas canas inadvertidas?)

Si las respuestas a estas preguntas son «no» o «no lo sé» vete ahora mismo a ver al mejor peluquero que puedas pagar

ERRORES MÁS FRECUENTES EN EL ESTILISMO LABORAL

▶ Ropa provocativa (escotes, ombligos a la vista, tatuajes encima del coxis)

▶ Ropa que no te queda bien (demasiado ajustada o demasiado suelta)

▶ Ropa inapropiada para la edad (por ejemplo, una minifalda de colegiala en cualquiera que ya no sea una colegiala)

▶ Zapatos inapropiados (por ejemplo, zapatos demasiado sexis o sandalias playeras)

▶ Exceso de maquillaje (incluido el pintalabios tipo Drácula y las uñas postizas exageradas)

▶ Exceso de perfume o colonia (sinceramente, cualquier perfume o colonia está de más)

Nota: si te estás preguntando si cometes alguno de estos errores, la respuesta es «sí».

UNA HISTORIA REAL

Anna era una joven ejecutiva contable en una de esas modernas agencias puntocom. Al igual que sus compañeros, ella disfrutaba de un entorno laboral relajado que se caracterizaba por un vestuario informal, un horario flexible y un ambiente creativo y de compañerismo. Era fácil reconocerla por las elaboradas rastas que llevaba desde que iba a la universidad, así como por el dragón tatuado alrededor de todo el brazo derecho y el pendiente que le colgaba del orificio nasal izquierdo. Ella era feliz haciendo un trabajo que le gustaba en un sitio donde su estilo personal era aceptado.

Todo eso se acabó el día que la empresa se enteró de que los fondos de capital de riesgo habían sido denegados y Anna fue incluida en la primera lista de despidos. ¿Por qué ella? Mientras sus colegas admiraban su estilo personal tan original, su jefe había tenido que elegir entre Anna y un compañero suyo de estilo más conservador cuya imagen resultaba más decorosa para las presentaciones ante los preciados clientes potenciales.

para solucionar el asunto. No escatimes en peinados y tintes. No te digo que pagues una fortuna por un corte de cabello en un salón de lujo. Pero tampoco termines pagando un precio de ganga en una peluquería cutre por un corte del que te arrepentirás profundamente. Simplemente reserva un presupuesto para este tipo de gastos, ya que es un punto importante.

Ahora toma nota de estas reglas básicas para forjarte una apariencia apropiada:

➤ Vístete para hacer que te vean, no para hacer que te despidan. Tanto si tu estilo es clásico y conservador como si es más moderno, una buena imagen se reduce a llevar la ropa que te favorece y te sienta bien. Vestirte de la manera apropiada te permite ser tú mismo y parecer siempre un buen profesional. Dicho esto, los preceptos de la moda y las últimas tendencias (ejem, esto va por usted, señorita, la que se imagina yendo a trabajar en *shorts* ajustados y sandalias de gladiador) no pertenecen al ámbito laboral. Tampoco los colores chillones, la bisutería tintineante ni el calzado extravagante y de mal gusto. Todo eso es demasiado personal, ¿comprendes?

➤ Escoge accesorios que resalten tu elegancia. Un buen reloj, un pañuelo o una corbata de seda, gafas finas: todos esos elementos son señales de calidad y seguridad en uno mismo. Así que hazte cortar el cabello en un salón de peluquería caro y que te hagan una pulcra manicura (esto va para hombres y mujeres). Y por último, estas tres palabras dedicadas a ti: blanqueado de dientes. Una sonrisa blanca y radiante es el mejor de todos los accesorios y el que más te servirá para blindar tu puesto de trabajo.

➤ Proporciona un cuidado extra a tu aseo diario. Cada vez que apareces en la oficina con el pelo húmedo o sin afeitar, estás diciendo que no quieres hacer el esfuerzo de estar presentable en el trabajo. Mantén el cabello y

PARA QUE LO SEPAS

Una de las mejores maneras que conozco para iniciar, reforzar o mejorar la química entre tú y tu jefe es pensar en ti como su Mini Yo. Imítale en su forma de vestir, comportarse y comunicarse. Ser una especie de Mini Yo resulta sutilmente halagador para tu jefe, y así dejas constancia de estar actuando de un modo que ya sabes que él aprobará. Además, ¿quién podría despedir a su Mini Yo?

las uñas limpias y cepíllate los dientes: todo eso que tu madre te enseñó. No descuides el vello facial (incluidas las cejas, la nariz y las orejas), el buen aliento y el olor corporal neutro: todos esos detalles a los que deberías prestar mucha atención pero que sueles pasar por alto. Son éstos los detalles que transmiten mensajes silenciosos y positivos acerca de ti, dirigidos a aquellos que te rodean. O mensajes negativos que pueden poner en peligro tu puesto de trabajo. Tú eliges.

➤ P.D. Con respecto al vello facial, la barba y el bigote bien cuidados pueden resultar apropiados en un ambiente laboral donde tengan una clara aceptación. No te sorprendas, sin embargo, si después de echar un vistazo a tu alrededor descubres que no es el caso. Sea como fuere, sigue siempre el ejemplo del jefe. ¿Y qué hay de esa barba de tres días que te dejas intencionadamente? Creo que da la impresión de que anoche no paraste en casa, y eso está bien sólo si eres un fotógrafo de moda o un arquitecto europeo, o si tu jefe también lo tiene por costumbre.

▶▶▶ **Vístete mejor.**
▶▶▶ **Hazte cortar el cabello en un salón de alta peluquería.**
▶▶▶ **Conserva una sonrisa blanca y radiante.**

3. PRESTA ATENCIÓN A LOS DETALLES

Me da igual lo que digan: tienes que estar pendiente de hasta el más mínimo detalle. Tanto si eres recepcionista como director ejecutivo, tu atención en los detalles puede marcar la diferencia entre salir airoso o fracasar, ya sea en una simple tarea de oficina o en una transacción multimillonaria. Si hay una persona en el trabajo que puede ser considerada indispensable, es aquella que está pendiente de los detalles.
Sin embargo, es más fácil decirlo que hacerlo. La buena orientación respecto a los detalles es una de esas cualidades que suscitan admiración y que rara vez se posee. Es como tener un don para los idiomas o para los números; se nace con él o se carece por completo. Afortunadamente, hay muchas formas de mejorar tus habilidades para captar el detalle, incluso si eres un bobo que no se entera de nada.

➤ Sé organizado. Esto es lo primero y lo más importante si te interesa estar pendiente de los detalles. Ser organizado te ayuda a trabajar con una facilidad y eficiencia que mejoran tu imagen. En particular, tu espacio de trabajo debería estar siempre organizado de modo que cualquier cosa esté al alcance de tu mano cuando más la necesites. Esto significa que cada cosa esté en su lugar, que tú puedas acceder a lo que necesites sin ningún esfuerzo, y que puedas indicarle fácilmente a otra persona cómo encontrar algo en tu espacio de trabajo durante tu ausencia. (¿Recuerdas aquellas vacaciones echadas a perder por las frenéticas llamadas desde la oficina a causa de un contrato desaparecido de tu pila de papeles, el cual estaba oculto bajo una caja de galletas a medio comer?)

LA IMPORTANCIA DE LA ORTOGRAFÍA

No hagas que empiece a hablar sobre cómo los correctores ortográficos nos están convirtiendo en un país de zopencos. Lo cierto es que por muy bien que un programa corrija nuestras atrocidades ortográficas, nunca va a detectar todos los errores. Si no sabes escribir correctamente o utilizas mal la gramática ya puedes ir recogiendo tus cosas. Es esa falta de interés por el detalle lo que te distingue de los demás, en un sentido negativo. Así que revisa tus documentos, cartas y correos electrónicos antes de enviarlos. Sobre todo tus correos electrónicos. Antes de enviar uno, asegúrate de que se lo estás enviando a la persona correcta —es probable que Karen de contabilidad no quiera leer lo que le escribes a Karen, la bailarina que conociste anoche en el Kit Kit Club—. Corrige también la correspondencia postal, o encuentra a un compañero que esté dispuesto a corregirte las faltas. La mala ortografía —la que parece empeorar aún más en los correos electrónicos— puede hacer quedar a la persona más inteligente como un desertor escolar. Si pulsas sobre «Enviar» sin haber revisado los contenidos y confirmado el destinatario, es lo mismo que haber escrito «Despídanme» en la línea del asunto.

Finalmente, por mucho que yo piense que los correctores ortográficos automáticos han hecho retroceder nuestro intelecto colectivo unos diez mil años, instálate uno ahora mismo en tu BlackBerry o en tu iPhone. Las prisas a la hora de intercambiar correspondencia no tienden a destacar tus dotes comunicativas, menos aún si lo estropeas comiéndote palabras o escribiendo con mala ortografía.

En un mundo perfecto, ser organizado supone la ausencia de montones de papeles, desorden y obstáculos. En un mundo blindado, sin embargo, los montones no representan algo malo. Son parte del fino trabajo de parecer ocupados. Como siempre digo, es mejor que nos tomen por hiperactivos antes que por obsesivos del orden. Sólo procura que las cosas importantes no desaparezcan entre las grietas —o las pilas de papeles— de tu escritorio.

➤ Sé meticuloso. Esto es lo que se dice poner los puntos sobre las íes y las barras sobre las tes. En principio parece que no hace falta recordarle a nadie que lo haga, como si las íes y las tes sin sus puntos y sus barras no sirvieran de mucho, ¿verdad? Sin embargo, te sorprendería si supieras la cantidad de problemas mayores que se originan a causa de torpes descuidos. Verifica dos veces las instrucciones, presta atención a los plazos de entrega, revisa tu trabajo antes de enviarlo. Haz un seguimiento del mismo para asegurarte de que lo recibieron, de que estaba bien hecho y de cualquier otra cosa que necesite el receptor. Es un halago enorme cuando alguien se refiere a tu trabajo como meticuloso.

➤ Toma nota. Lleva siempre una libreta contigo para to-

PARA QUE LO SEPAS

Tú sabes bien que cuando afirmas haber «perdido tu trabajo» normalmente quieres decir que en realidad nunca lo hiciste y estás intentando que se te conceda algo más de tiempo para hacerlo. Tu jefa lo huele a más de un kilómetro, y si bien la primera vez puede que lo deje pasar, la segunda estará poniendo a prueba su paciencia y a la tercera pensará que eres un mentiroso y que la estás tomando por estúpida. Así que termina tu trabajo y haz una copia de seguridad. A fin de cuentas es más fácil que inventar embustes cada vez más grandes del tipo «mi perro se comió los deberes», los cuales a la larga te costarán el empleo, te lo aseguro.

mar nota de nombres, fechas, conversaciones telefónicas o instrucciones (a nadie le gusta tener que explicar —por segunda vez— cómo cambiar el tóner de la fotocopiadora). Otros detalles casuales pero de suma importancia acabarán apuntados en tu libreta, y así te convertirás en un héroe cada vez que seas el único en disponer de esa información. Escoge una de piel de topo antes que una de Hello Kitty: incluso tu libreta transmite un mensaje.

➢ Lleva una agenda. Te sorprendería la cantidad de gente que confía en su cerebro aturdido por la tele cuando se trata de recordar citas importantes. Si tienes una agenda de citas o un calendario en tu PDA, introduce todos y cada uno de los compromisos (personales y profesionales) en el mismo calendario. No hay nada que parezca más estúpido que olvidar una cita.

➢ Apresúrate a responder con eficiencia los correos electrónicos y llamadas. No seas la persona que se toma una semana para contestar un simple e-mail o devolver una llamada. Sé la persona meticulosa que maneja los intercambios de información con rapidez y eficacia.

➢ Haz tus propias copias de seguridad. Perder un documento importante o un archivo completo de listas de correo por no haber hecho copias de seguridad es aún más estúpido que olvidar una cita. Si el sistema de la empresa no hace copias de seguridad de manera automática o si guardas trabajos importantes en tu ordenador personal, crea tus propios archivos protegidos. Es tu responsabilidad asegurarte de que tu trabajo esté a salvo.

Defender tu puesto de trabajo tiene más que ver con sobrevivir en la calle y tener buena química con tu jefe que con ser una persona organizada. Así que no pienses que se trata de tener la capacidad organizativa de los profesionales que ofrecen soluciones para empresas; piensa que se trata de ser organizado en un sentido práctico y de prestar atención a los detalles que pueden salvarte del desastre.

▶▶▶ **No seas vago.**
▶▶▶ **Sé meticuloso y eficiente.**
▶▶▶ **Lleva una agenda.**

4. ESCUCHA ATENTAMENTE

El imponente orador motivacional Zig Ziglar dijo una vez que cuando uno habla dice algo que ya sabe, pero cuando uno escucha aprende algo que otra persona sabe. En pocas palabras, eso es escuchar: cerrar el pico y comprender lo que otra persona está diciendo.

¿Cómo es que escuchando podemos hacernos visibles en el trabajo? Entre otras cosas, porque es lo contrario de no escuchar. Ausentarse mentalmente en las reuniones, perder la pista de lo que se está tratando durante una conferencia, pensar en la lista del supermercado mientras estás manteniendo una conversación con alguien: son diferentes maneras de no escuchar que te colocan a la cabeza de la lista de empleados prescindibles.

Escuchar con auténtico interés es la mejor manera de estar enterado y de que la gente correcta sepa que estás enterado. He aquí algunos consejos para poner en práctica mientras escuchas:

PARA QUE LO SEPAS

¿No detestas que la gente no te preste atención cuando les hablas? Ésta es la razón de que alguien deje de escuchar: su capacidad de concentración es patética. Le distraen demasiadas cosas, incluido el móvil que le vibra en el bolsillo. Es muy probable que piense que escuchar es una obligación laboral y no una herramienta. No entiende nada de lo que le dices. Está demasiado pendiente calibrando sus propias opiniones para escuchar lo que le estás diciendo. O, por último, existe una gran probabilidad de que no estés diciéndole nada interesante o de utilidad. Oh, eso sí que duele.

➤ Presta toda tu atención. Apaga tu teléfono móvil, guarda tu portátil, saca tu libreta y mantén el contacto visual con la persona que habla. El cincuenta por ciento de la química favorable que necesitas tener con la gente de tu entorno depende de un buen contacto visual. En conclusión, que se note tu presencia.

➤ No te apresures a sacar conclusiones. Por mucho que creas haber captado lo esencial del mensaje, no significa que puedas dejar de prestar atención y empezar a soñar con tu viaje a Las Vegas.

➤ Procura que tus oídos abarquen los 360 grados. Escuchas para enterarte, de modo que debes escuchar a todos los que están en la sala. Y estar abierto a los puntos de vista alternativos.

➤ Confirma lo que has oído. Esto es sumamente importante en las charlas individuales. Si no estás seguro de haber entendido lo que se ha dicho, solicita al interlocutor una confirmación: «Quería estar seguro de haberlo entendido. ¿Está diciendo que...?» O ve directo al grano y di: «¿Puede repetirlo, por favor? Creo

> **PARA QUE LO SEPAS**
>
> Eres el tono que llevas en tu móvil. Lo que significa que deberías evitar una ridícula melodía de dibujos animados para tu tono de llamada, lo que sería el equivalente de una dirección de correo electrónico como tiabuena@hotmail.com. Es tonto y de mal gusto. También deberías apagar el móvil durante tu horario de trabajo. Apágalo y punto. Cada vez que suena en la oficina estás alertando a tu jefe de que no trabajas.

que no le sigo.» Esto ayuda a evitar los malos entendidos.
➤ No interrumpas. El hecho de que sea considerado de mala educación es motivo suficiente para no interrumpir. Nunca. Es una de las costumbres más irritantes y autodestructivas que una persona puede tener. Deja que el orador complete su punto de vista —escuchando realmente todo lo que dice— antes de exponer el tuyo.

▶▶▶ **Presta atención cuando los demás hablen.**
▶▶▶ *Asegúrate de que has oído bien.*
▶▶▶ *No interrumpas.*

5. HAZTE OÍR

Las personas extrovertidas y aquéllas con fuertes dotes comunicativas evidentemente tienen más probabilidades que otras de hacerse oír en un contexto grupal.

CÓMO DECIR LO QUE PIENSAS

- ▶ Muéstrate seguro de ti mismo. Si estás tan nervioso que la sequedad de boca y el sudor de las palmas te impiden hablar en el trabajo, practica frente al espejo hasta que te sientas seguro. Mejor aún, coge uno de esos fascinantes cursos que pueden convertir a cualquiera en un orador lleno de confianza. En cada ocasión que te lances a hablar, te irás sintiendo más cómodo con la práctica.

- ▶ Ve al grano. Ya sea para exponer tu punto de vista o formular una pregunta, no te enrolles usando la jerga o presumiendo de lo mucho que sabes. En lugar de pasar por inteligente quedarás como un hablador o, lo que es peor, como un fanfarrón prepotente.

- ▶ Sé diplomático. No es el momento de discutir con un compañero que discrepa contigo ni de corregir a tu jefe cuando se equivoca al hablar. Si crees que debes corregir los errores que alguien comete durante su exposición, hazlo con mucho tacto y en privado. Y evita criticar a los demás; a nadie le gusta que le critiquen, sobre todo porque casi siempre son valoraciones negativas. Limítate a halagar sus ideas y luego expone las tuyas.

- ▶ Demuestra que eres inteligente. Decir lo que piensas es una ocasión perfecta para poner de manifiesto tu perspicacia. Pero si no tienes nada perspicaz o inteligente que aportar, no hables por hablar. Ésa es la causa de que casi siempre las reuniones se extiendan más de lo debido, y tú bien sabes que eso te pone de los nervios.

Para quienes componéis la población más callada el problema es que si no abrís la boca nadie nunca sabrá que sois listos, curiosos, creativos o que tenéis un humor inteligente, cualidades todas que podrían ayudaros a destacar entre vuestros compañeros y echaros un cable cuando la empresa esté de capa caída. Cuando la gente empieza a perder sus empleos y tú quieres proteger el tuyo, es de vital importancia hacer que te vean y que te escuchen. Acciones y palabras tienen el mismo peso a fin de demostrar que estás vivo y que quieres conservar tu trabajo. Así que haz el esfuerzo de reafirmarte verbalmente en todos los aspectos de tu trabajo.

La manera más sencilla de hacerte oír es empezar a hacer preguntas. Eso demuestra que estás dispuesto a aprender y que eres lo bastante listo para informarte sobre lo que no sabes. Solicita una aclaración a tiempo, y no te encontrarás luego remando en la dirección equivocada debido a las dudas sin resolver que por miedo no te atreviste a consultar. Tu jefe estará contento de que preguntes, créeme. También ganarás admiradores entre tus compañeros por haber levantado la mano mientras ellos probablemente tenían las mismas dudas que tú.

Haz sugerencias. Si la persona que coordina la reunión so-

PREGÚNTATE

- ¿Me hago oír a menudo?

- ¿Me expreso con claridad?

- ¿Mis opiniones son originales?

- ¿Ayudo a mejorar el diálogo?

- ¿Mejora la percepción que tienen de mí cada vez que hablo?

licita al grupo ideas y tú crees que tienes una buena, dila en voz alta. Nadie puede leerte la mente, y no obtendrás ningún beneficio de una idea que no has expresado.

No todas tus sugerencias serán buenas, y nadie necesita saber lo que piensas acerca de todo. Pero una sugerencia cuidadosamente propuesta o una opinión sobre el tema en cuestión en el momento oportuno puede hacerte destacar de manera positiva.

Si tu jefa te ofrece la posibilidad de compartir tu opinión y tienes algo inteligente que decir, acéptala. Ella te admirará por asumir el riesgo y por tener ideas propias. (Aunque es cierto que la admiración será mayor si lo presentas de forma que parezca que la idea fue de ella.) Al fin y al cabo quieres que te vean como alguien lo bastante seguro de su inteligencia y creatividad como para aportar sugerencias efectivas.

- ▶▶▶ *Haz preguntas inteligentes.*
- ▶▶▶ *Demuestra que tus sugerencias están bien pensadas.*
- ▶▶▶ *Habla claro.*

6. PRESÉNTATE COMO LÍDER

Aun cuando nadie te haya confundido con el general Patton, ofrecerte voluntariamente como líder pone de manifiesto tus agallas para asumir riesgos, tu capacidad de superación y un deseo de logro que quizá los demás no posean. Busca oportunidades para ampliar tu experiencia y tus dotes de liderazgo.

ALLÍ DONDE MANDAS

Un buen jefe tiene la capacidad de motivar a los otros para que hagan bien su trabajo. Y —parafraseando un poco a Eisenhower— de conseguir que lo hagan porque realmente quieren hacerlo. Asumiendo que en tu equipo todos son razonablemente capaces de hacer el trabajo que se les pide, lo que tú tienes que aportar es la motivación. Aquí van algunas ideas para estimular a tu gente:

- Haz que sientan que están en buenas manos. Elabora una estrategia, estate listo y prepárate para trabajar con ellos.

- Asegúrate de que todos comprenden el proyecto y el papel de cada uno en el resultado final. Demuéstrale que crees en la importancia de la aportación individual para el desarrollo del conjunto.

- Sé optimista y alentador. Demuestra entusiasmo y confianza incluso si las cosas toman un rumbo incierto. Haz que todos se concentren en encontrar soluciones en lugar de problemas. Sé generoso en la motivación.

Esto aumentará tu visibilidad y la confianza que tu superior deposite en ti para la realización de un trabajo.

El truco para aprender a tomar la delantera está en empezar poco a poco. No te estás batiendo a duelo por un ascenso ni para ser el jefe de nadie. Sólo quieres una oportunidad para estar en el asiento del conductor cumpliendo una misión y saber lo que se siente. Ofrécete a dirigir un proyecto que nadie más quiera. De ese modo no estarás compitiendo con nadie y es probable que tu jefe se muestre enormemente agradecido por tu ofrecimiento.

Prepara un plan de trabajo para cumplir con la tarea. Ave-

UNA HISTORIA REAL

Si bien mucha gente dice que los líderes nacen, no se hacen, yo creo que cualquiera puede aprender a ejercer el liderazgo para marcar la diferencia. Tomemos el ejemplo de Terry, un joven ejecutivo de ventas de anuncios que trabaja para una cadena de televisión en Houston. Como todo joven afroamericano en un campo competitivo, él creía que tenía que trabajar mejor que sus colegas a fin de destacar. Al ver la oportunidad, echó mano de su experiencia política post-universitaria en la periferia de Washington y se ofreció para encargarse de la venta de anuncios para una campaña en dicha cadena. No había nadie en la cadena que estuviera remotamente cualificado para asumir esa función —en principio ni siquiera Terry—, pero él vio una vacante de jefe y la ocupó, adquiriendo así a lo largo de su carrera unos conocimientos y contactos inestimables. Ahora es director de ventas y lleva una cartera de anunciantes de alto perfil, además de las campañas políticas que le convirtieron en un elemento valiosísimo para su empresa.

rigua todo lo que necesites saber para llevarla a cabo. Luego consigue a uno o dos colaboradores para que desempeñen una función secundaria. Ser un equipo de un solo hombre impresiona mucho, pero no tanto como saber motivar y dirigir a otra gente hacia el logro de un objetivo común. Cumple con el plazo de entrega, esmérate en la calidad del trabajo, reconoce el mérito de tus colaboradores. Y luego ofrécete a dirigir otro proyecto. Y otro más.

Asumir la dirección continua de proyectos te da la oportunidad de desarrollar nuevas habilidades y conocimientos. Aprenderás a planificar, a elaborar estrategias, a desempeñarte mejor en tu trabajo. Aprenderás a crear un equipo. Mejorarás tus dotes para la comunicación. Te ganarás la confianza de tus compañeros y el apoyo de tus superiores. Sé el hombre con el que tu jefe puede contar: «Entrenador, quiero jugar.» Porque cuando aquellos que te rodean empiecen a caer como moscas, él sabrá que tú no tienes miedo de ponerte al frente.

Así que cuando surja la ocasión de tomar parte en una reunión o de asumir un rol de liderazgo en la planificación y realización de un proyecto relacionado con tu trabajo, no la dejes pasar. Postúlate para dirigir un comité o encabezar una investigación o una iniciativa destinada a resolver un problema. Además de aumentar tu experiencia profesional y ampliar tu conocimiento, estas oportunidades realzan tu perfil por medio de ascensos e incrementan el valor de tu contribución a la empresa.

- ▶▶▶ **Busca la ocasión para demostrar que tienes madera de líder.**
- ▶▶▶ **Afila tus dotes de liderazgo mediante la dirección continua de proyectos.**

7. REALIZA PRESENTACIONES

Si hacer presentaciones todavía no es parte de tu trabajo, debería serlo. Es la manera perfecta de demostrar tu seguridad en ti mismo, tu dominio de un tema y tus dotes comunicativas. Y si aún no posees esas aptitudes, es la mejor manera posible de desarrollarlas.

Empieza poco a poco. Busca oportunidades para exponer ante tu grupo más cercano de trabajo los resultados de un pro-

PARA QUE LO SEPAS

Para alguna gente las presentaciones en público nunca serán su especialidad. Puedes practicar toda la vida y aun así seguir fallando tristemente en cada ocasión. Quizá no te sientes a gusto con tu aspecto o sudas demasiado o ese tartamudeo que tenías en segundo de primaria regresa como un sarpullido. El motivo da igual. Lo importante es que si se trata de blindar tu puesto de trabajo deberías ejercer un liderazgo valiéndote de tus ventajas. Así que si las presentaciones no se te dan bien, no las hagas. La manera más fácil de convertirte en un blanco perfecto es plantarte delante de todos y demostrar que eres un inepto.

yecto o un nuevo concepto. Escoge un argumento modesto como éste a fin de sentirte cómodo hablando en público y crear una fórmula de presentación que te vaya bien. He aquí algunos aspectos en los que debes concentrarte para realizar una presentación:

- ➤ Ten en cuenta a tu público en todo momento. Lo creas o no, el público te anima a alcanzar el éxito, lo que supone para ti el empujoncito inicial. Pero comprende que todos esperan a cambio un beneficio. Haz que se vayan con algo que les sea de provecho.
- ➤ Hazte una idea muy clara de lo que quieres llevar a término. ¿Estás presentando un informe? ¿Explicando un proceso? ¿Reuniendo apoyo o creando un consenso? ¿Motivando a los empleados? ¿Formándolos? Tu fórmula de presentación será siempre la misma, pero visualizar el resultado deseado te ayudará a dar forma al contenido.
- ➤ Cíñete a temas concisos, a un lenguaje claro, a anécdo-

LAS BUENAS PRESENTACIONES EN POWERPOINT

El programa gráfico Powerpoint es lo mejor que les ha sucedido a las presentaciones. Es fácil de usar, y si se usa bien puede ayudar a entablar un contacto emotivo con el público que tornará convincente tu exposición. Pero si se usa mal puede conseguir que una presentación deficiente se vuelva insoportablemente latosa para todos los presentes, incluyéndote a ti.

El gurú del marketing Seth Godin arremete contra el «mal uso del Powerpoint» que observa a menudo en las presentaciones. Desde luego, lo malo no es el Powerpoint sino la manera en que el presentador lo utiliza. Aquí van algunos consejos sencillos de Seth para emplear el Powerpoint correctamente y evitar un uso contraproducente.

- ▶ Para tus notas utiliza tarjetas, no proyectes el texto en la pantalla. Y limita el número de palabras sobre la pantalla a seis por diapositiva como máximo.

- ▶ Utiliza diapositivas nítidas e imágenes con un impacto emocional que refuercen e ilustren tu mensaje, no que lo repitan. Nadie quiere leer las mismas palabras que tú estás pronunciando. Aburre. De hecho es doblemente aburrido.

- ▶ Reparte entre los presentes un documento que sintetice o explique detalladamente tu mensaje. No entregues una copia impresa de tu presentación en Powerpoint. Y no proporciones ningún documento hasta después de la presentación. De este modo tu público te prestará atención en lugar de leer por encima el texto mientras dejan de escucharte.

tas útiles y sugerentes, a elementos gráficos que tu público pueda ver (escribe con letra bien grande) y recordar. ¿Gráficos y cuadros complicados?: coñazo asegu-

UNA HISTORIA REAL

Kendall era capaz de escribir unos textos brillantes para comunicar sus ideas innovadoras, pero era demasiado tímida para hacer su propia presentación oral. Así que siempre acudía a alguien de su propio departamento para que actuara y se luciera, y de este modo ella sólo obtenía una parte del merecido reconocimiento por su trabajo. Cada vez que permitía que alguien la sustituyera en el campo de juego no sólo estaba regalando su capital creativo, sino que además estaba desperdiciando una oportunidad de hacerse visible, de llevarse todo el mérito o incluso de ganarse un ascenso. Después de que dos de sus compañeros fueran promocionados tras presentar sus ideas, Kendall empezó a adquirir formación para hablar en público. Y la próxima vez que tuvo una gran idea fue ella la que se subió al podio para recibir los laureles.

rado. ¿Una presentación breve pero vistosa en Powerpoint con fotos de chimpancés (los chimpancés siempre funcionan) y un pie de foto sorprendente?: un aplauso sincero y caluroso.

➤ Por último —y éste es uno de los 101 secretos para hablar en público—, mantén el contacto visual con los presentes, habla a un ritmo moderado y sonríe. Ensaya tu presentación delante de un amigo o un colega de confianza. Asegúrate dos veces de que tu equipo funcione y que los gráficos estén en el orden correcto.

Además de crear el efecto de un letrero con luces de neón sobre tu cabeza en el que se lee «¡Estoy aquí! ¡Miradme!», realizar presentaciones te ayuda en el aprendizaje de explicar tus ideas o los resultados de un proyecto a tus compañeros, como así también a crear un *feedback* constructivo y a convertirte en un argumentador eficaz por mérito propio. Todo esto a la larga y de por vida se traduce en una serie de aptitudes con las que blindar tu puesto de trabajo.

> ▶▶▶ **Expone lo que sabes de un modo claro, conciso y atractivo.**
> ▶▶▶ **Ensaya presentaciones siempre que tengas ocasión.**

8. REPRESENTA A TU EMPRESA

Asistir a congresos o seminarios en representación de tu empresa es una manera excepcionalmente efectiva de realzar tu imagen. Haciendo de embajador de tu empresa en una reunión de directivos y colegas de profesión recibes un voto de confianza y credibilidad que no tendrías si estuvieras sentado detrás de tu escritorio mordisqueando galletas. ¡Y sólo por dejarte ver! Si te empeñas en extraer algo valioso —por muy pequeño que sea— de cada experiencia, siempre te irás a casa con un botín blindado en el bolsillo.

En primer lugar, ofreciéndote voluntariamente para asistir a un congreso sumarás puntos. A menos que sean oradores sobresalientes, los directivos se inclinan por no asistir y prefieren enviar a los subalternos en representación de la empresa y esperar a que regresen con el botín. Ese botín no es la bolsa conmemorativa ni la alfombrilla para el ratón del ordenador, es la información sobre lo que se está cociendo en el sector industrial —incluidos los cotilleos y todo lo que

ERRORES MÁS FRECUENTES EN UN CONGRESO

- No tener un buen discurso de venta que beneficie a tu empresa

- Juntarte con gente que ya conoces

- Hablar demasiado de ti mismo

- Hacer circular rumores en lugar de recogerlos

- No seguir la pista de la gente que vas conociendo

- Llegar tarde, marcharte temprano y saltarte los eventos

- Emborracharte, salir a bailar y acostarte con otro asistente al congreso

haya que contar con pelos y señales— y las nuevas impresiones y conocimientos que puedas compartir con la gente de tu equipo.

Los congresos no siempre son divertidos. De acuerdo, casi nunca lo son. A menos que sea el caso de un congreso con un reparto deslumbrante de ponentes o seminarios y talleres de trabajo, puede que tengas que buscar mucho a fin de encontrar una buena novedad para llevar a tus compañeros. Pero para eso estás ahí: para observar, asistir a reuniones y representar a tu empresa. Y para hacer contactos sin parar, por supuesto.

Por eso tu principal tarea cuando estás en un congreso dando la cara por tu empresa es agudizar la vista, actuar con perspicacia y entablar relaciones. No de esas que consisten en un absurdo intercambio de tarjetas de visita, sino las fundamentales que convierten a un nuevo conocido en un recurso perdurable. ¿Recuerdas ese tipo listo con el que estuviste hablando durante una hora en el acto inaugural y que al día siguiente en el taller estaba otra vez sentado a tu lado? Pues ése podría ser un cliente potencial, un valioso informante o incluso un futuro empleador. Pero nunca lo sabrás a menos que entables una relación con él y te mantengas en contacto.

Al regresar de un congreso, deberías tener como mínimo una nueva perspectiva práctica para transmitir a tus compañeros. Deberías volver al menos habiendo hecho un buen contacto, alguien a quien puedas incorporar a tu red de contactos. Y si tu jefe se encuentra con alguien que también estuvo en el congreso, esa persona debería poder decir que le causaste una muy buena impresión. Así que adelante. Así es como se hace:

- Vístete mejor. No es éste el momento de relajarse y llevar tu gorra de béisbol o tus deportivas sólo porque estás en un congreso de fin de semana en un centro recreativo con campo de golf en Florida. Cualquiera que sea el código indumentario —que normalmente viene indicado en el material de inscripción o está claramente establecido en función del lugar en el que se celebra el congreso— procura estar por encima de los requerimientos mínimos. Puesto que vas a estar en compañía de gente a la que no conoces, es preferible el azul de toda la vida antes que ir a la última moda.

- Quédate mientras dure el congreso. Evita seminarios o cursos que resulten anticuados; busca la oportunidad de experiencias nuevas. Asiste a todos los eventos sociales. No tienes que quedarte hasta el final de cada cena o fiesta; sólo asegúrate de aprovechar hasta la última ocasión de impresionar y establecer contactos. Y

PONTE A RECLUTAR

Otra gran oportunidad, aunque desaprovechada, de representar a tu empresa y añadir valores visibles y cuantificables es participar en las labores de reclutamiento. Hazte amigo de alguien de Recursos Humanos y ofrécete para ir a los eventos de reclutamiento. Jugar el papel del empleado entusiasta y bien informado en un evento de reclutamiento puede ayudar a captar a los mejores candidatos para tu empresa. Sumarás puntos extras cuando una joven promesa le diga a tu jefe que decidió incorporarse a tu equipo al verse impresionado por la manera en que representabas la cultura e historia de la empresa. Doble ración de puntos extras, quizá.

procura quedarte en el hotel donde se celebra el congreso. Así te será más fácil asistir a todos los eventos y tendrás más posibilidades de reforzar los lazos con la gente que vayas conociendo, ya que te los irás cruzando en todo momento.

➢ Participa activamente. Haz preguntas, comentarios, preséntate a los ponentes y coordinadores. Reparte tu tarjeta de presentación y coge todas las que te den. Pero recuerda, no es un concurso de quién acumula más tarjetas de visita. El desafío consiste en volver a casa con una tarjeta ganadora, y que las tuyas sean las ganadoras como para que alguien más las consulte más tarde en su fichero.

➢ Amplía tu círculo de relaciones. Crease o no, una sala llena de desconocidos es el mejor lugar para mejorar tu trato social. No tienes nada que perder y todo por ganar si te comportas con soltura, sobre todo si no es algo que te salga espontáneamente. Haz un esfuerzo y preséntate ante un individuo cualquiera, ante todos los que se encuentren en la sala. Actúa como un anfitrión comedido buscando conversación, realizando presentaciones, haciendo que los demás se conozcan. Acepta invitaciones. Por mucho que en casa vivas envuelto en un capullo, aquí eres la mariposa.

➤ Por último, llévate el botín a casa. Manda por correo electrónico un breve informe a tu jefe y a otras partes relevantes resumiendo el mensaje central y/o las principales novedades en el sector. Si aprendiste una nueva técnica o incorporaste un concepto innovador, ofrécete a compartirlo con tu equipo de trabajo. Y busca la manera —lo antes posible— de aplicar lo aprendido al mejoramiento de tu propio trabajo. Asegúrate de que tu jefe lo note. Servirá para causar la más favorable de las impresiones a fin de blindar tu empleo.

▶▶▶ *Aprovecha los congresos para mejorar tu discurso profesional.*
▶▶▶ *No pares de hacer contactos.*
▶▶▶ *Causa una buena impresión de ti mismo y de la empresa.*

9. ENCUENTRA UN MENTOR

Todo el mundo necesita un mentor. Si eres nuevo, si aún te mantienes a flote, si estás estancado o incluso si sobresales en tu trabajo necesitas un mentor. Un buen mentor puede darte una orientación valiosa día a día, ayudarte a resolver los pro-

UNA HISTORIA REAL

Shelley era una chica muy avispada, la joven promesa de una consultoría política de alto nivel. También era muy atractiva y sensible a todo aquello que percibía como muestras de celos o resentimiento hacia ella por parte de sus compañeras. Si Shelley hubiese sido lista habría seducido a una de aquellas mujeres, mayores que ella, para que fuese su mentora, consiguiendo así que dejara de ser su oponente para convertirse en su defensora. En cambio, pese a trabajar con ellas, siempre que necesitaba ayuda la solicitaba a los gerentes y otros compañeros. Cuando la empresa perdió la gran cuenta con la que Shelley había estado trabajando, ella perdió su empleo. Sin un solo voto de apoyo por parte de sus compañeras para que se quedara, Shelley no tenía ninguna posibilidad.

blemas y protegerte cuando las balas estén sobrevolando tu cabeza. Desde luego, un mal mentor puede darte un consejo perjudicial, hacer que empeoren tus problemas y que te hundas con él. Así que consigue a uno de los buenos, ¿de acuerdo?

Empieza por hacerte una idea de lo que necesitas. Si estás librando una batalla en el trabajo tienes que dar con alguien que tenga una sólida experiencia en tu área laboral, buenos instintos, y tiempo y ganas de darte todo el apoyo necesario. Si lo llevas bien, te será de provecho trabajar con alguien que haya hecho una carrera similar a la que tú te propones hacer y que sea lo bastante generoso para ayudarte a crecer en tu profesión. En ambos casos debes tener una idea muy clara de qué es lo que quieres mejorar en relación con tu rendimiento y experiencia laboral. Un mentor no es un amigote ni un confidente; es un compañero que te ayudará a avanzar de A a B y luego a C y así sucesivamente. Necesitas saber hacia dónde te diriges antes de solicitarle a alguien que te ayude a alcanzar la meta.

Un mentor ideal es alguien cuyo asesoramiento e inteligencia merecen tu respeto, alguien en quien puedes confiar que será sincero contigo y con quien puedes hablar con total libertad. Al mismo tiempo quieres que tu mentor esté mucho más adelantado que tú en su trayectoria profesional para que realmente puedas beneficiarte tanto de su experiencia como de su formación y sus críticas constructivas.

Con frecuencia los mentores potenciales son personas con las que trabajas y a quienes tiendes a acercarte espontáneamente. Son simpáticos, inteligentes y generosos. Admiras sus logros y te sientes cómodo con ellos. Puede que no estén en tu grupo de trabajo o ni siquiera en tu oficina. Pero te agrada la manera en que trabajan y te hace ilusión aprender de ellos. De modo que la cuestión es cómo hacer que la relación mentor-aprendiz funcione.

A veces sucede de forma natural, sin ningún preparativo o intención formal. Entablas una relación y funciona de mara-

REQUISITOS DE UN MENTOR

- Sincero y de confianza
- Comprometido
- Un modelo a seguir
- Eficaz en la comunicación y la motivación
- Que esté convencido de tu potencial

villas sin que nadie diga una palabra. En otras ocasiones es conveniente mostrarse y preguntarle a alguien si quiere ser tu mentor. Puesto que supone un compromiso de tiempo, más vale ponerlo de manifiesto. No es como preguntarle si quiere salir contigo o algo por el estilo. Es más bien un acuerdo informal en el que tú necesitas ayuda y esa persona va a concederte parte de su tiempo.

Algunas empresas incluso cuentan oficialmente con un programa de mentores, en el que ejecutivos y gerentes son asignados a los empleados de los niveles iniciales para ayudarles a aclimatarse a la cultura y expectativas de la empresa. Se parece más a la modalidad del consejero que te asignan en la universidad o incluso a un padrino en Alcohólicos Anónimos: más que una opción, es una obligación para ambas partes. Pero aun así es muy útil para establecer contacto con las altas esferas de la empresa.

Una vez que hayas entablado una relación con un mentor, cuídala. Reúnete a menudo con el mentor para tomar un café. Mantenlo informado acerca de tus progresos, retos e interrogantes. Coméntale tus ideas para que te dé su visto bueno, desahoga tus frustraciones (dentro de lo razonable) y pídele consejos sobre cómo afrontarlas. Asegúrate de que cada intercambio no gire en torno a un problema colosal o una crisis desesperada; tu mentor está allí para apoyarte en lo referente a tu trabajo y tu profesión, no para ayudarte a apagar incendios. Dicho esto, en tiempos de pánico llámale a diario para que te aconseje. Una vez que empiece el tiroteo en la oficina ésta será la persona que te diga cuándo agacharte y cuándo disparar.

Si resulta que eres un aprendiz exitoso —que estás aprendiendo, progresando y madurando en parte gracias a la orientación recibida—, tu mentor puede ser ese defensor de peso que necesitarás cuando surjan nuevas oportunidades y retos en el futuro.

▶▶▶ **Haz tú mismo de mentor a fin de crear una célula durmiente de seguidores en tu empresa.**
▶▶▶ **Orienta a aprendices que en un futuro formarán parte de tu red de contactos profesionales.**

10. HABLA CON TU JEFE

Te sorprendería si supieras la cantidad de gente que hace lo imposible por no hablar con su jefe. Quizá no sea la persona más fácil del mundo para hablarle, o quizá no se muestre muy interesado o atento. O puede que tú no te muestres muy seguro al hablar con alguien que está en una posición de autoridad por encima de ti. En cualquier caso es tu problema, no el suyo, y he aquí una verdad indiscutible: si no tienes un intercambio de palabras regular con tu jefe, cuando llegue la hora de hacer recortes de plantilla no serás más que un cuerpo en una silla con una diana en la espalda.

Es tuya la responsabilidad de establecer un modelo y estilo de comunicación entre tú y tu jefe que funcione para ambos. Y eso no sólo gira en torno a los problemas; a ambos os dará pavor hablar si sólo lo hacéis cuando empiecen a caer las bombas. La comunicación es la clave para cultivar con decisión la química con tu jefe que salvará o arruinará tu empleo.

La química tiene su origen en el éxito del contacto visual y personal. Eso es todo lo que cuenta para crear una relación

LENGUAJE CORPORAL

Te expresas tanto con el cuerpo como con las palabras. Así que suéltate. Mantén la cabeza en alto y, aunque ya lo haya repetido varias veces, no me cansaré de insistir en la importancia de un contacto visual seguro y directo. Permanece de pie o sentado con la espalda derecha y manteniendo siempre una buena postura corporal. No cruces las piernas, pero mantén las manos sobre el regazo o a los costados, nunca en las caderas y mucho menos te cruces de brazos. Esto último indica que eres una persona inaccesible y arrogante, además de hacerte parecer gordo. Por último, habla despacio y con claridad. Eso transmite un mensaje de confianza, competencia y control.

emocional con tu jefe. Hazle saber que eres una persona, no sólo un colega de profesión o un subordinado. De manera cautelosa y discreta, enséñale quién eres: habla de tu familia, de tus intereses, de deportes y películas, de lo que sea. Éstas son vuestras conexiones en el plano humano. Entre tu jefe y tú debe haber una química intensa. Casi romántica, diría, aunque no del todo, porque es más bien una especie de danza para construir una relación que es similar al romance. Si eres listo, encontrarás constantemente maneras de magnetizar la relación para que cuando surjan problemas él despida a cualquiera menos a ti.

Antes de nada, piensa en el modo más efectivo de comunicarte. Será mediante una combinación de correos electrónicos, llamadas, notas y encuentros cara a cara, dependiendo del estilo de tu jefe y del tipo de información que necesitéis intercambiar. Incluso si es alguien que se comunica casi exclusivamente por la vía electrónica, tú tienes que ingeniártelas para mantener frecuentemente un diálogo con él en persona. Sigue siendo la única forma segura de que él sepa que estás allí. Y

> **DOMAR AL TIGRE**
>
> Comunicarse con un jefe difícil y exigente es todo un reto. Y este gato no va a cambiar sus rayas. Prepara una estrategia y técnicas que te permitan transmitir cualquier mensaje de una manera eficaz. Sé profesional. No muestres emoción alguna y no te tomes nada como algo personal. No te apartes de la agenda de prioridades y trata de regular el tono durante la conversación siendo moderado y directo. Envíale un breve e-mail de confirmación sobre el resultado de vuestra conversación, en un tono neutro e inequívoco. Esto le recordará a tu jefe el contenido de la charla y te proporcionará una pequeña prueba documental electrónica de cómo ha ido, por si las moscas. Recuerda: puedes tener una comunicación productiva y una relación buena y valiosa con un jefe difícil. Sólo tienes que agarrar al tigre por la cola.

probablemente también sea la que menos se presta a malas interpretaciones, como sucede todo el tiempo con el correo electrónico y el buzón de voz. Usa la comunicación electrónica para confirmar la comunicación verbal, nunca como principal vía de comunicación si es que puedes evitarlo. Y evita los mensajes de texto y las redes de contactos sociales. Eso es algo para usar entre tú y tus amigos, no entre tú y tu jefe.

Nota: algunos jefes prefieren la comunicación impersonal y electrónica, en detrimento del contacto humano y cara a cara. Tú no vas a cambiarlos, de modo que perfeccionar esta modalidad de contacto tanto como puedas es la mejor manera de mantener el tipo.

Estate siempre preparado para una conversación con tu jefe. Ármate de una agenda de prioridades y un punto de vista propio. Prepárate para improvisar. Muéstrate dispuesto a aceptar las críticas. Pregunta, pero que no parezca que toda la con-

> **PARA QUE LO SEPAS**
>
> Por una parte, en el trabajo no hay sitio para el llanto. Por otra, si tienes que llorar por la presión que te supone una situación crítica, hazlo. No digo que te eches a llorar todos los días. Estoy hablando de una manera extraña pero muy efectiva de revelarle a tu jefe que eres humano, como modo de fortalecer vuestros lazos personales y, seamos sinceros, conseguir lo que te propones. ¿Que necesitas un permiso para ausentarte durante dos días clave en el trabajo porque tu padre está gravemente enfermo? Anda, llora. ¿Que tu jefe te echa una bronca porque llegas tarde todos los días? No llores. Pide disculpas y no vuelvas a llegar tarde, por el amor de Dios.

versación ha sido una gran pregunta. Sé positivo y controla tus emociones. Enfadarse nunca ayuda y llorar tampoco te favorece mucho. Con aquel jefe que tiende a la diatriba más que al diálogo, fórjate una fachada de firmeza e impasibilidad. Y sé oportuno en lo relativo al momento; una mala noticia o pedir un aumento de sueldo cuando está a punto de salir pitando porque llega tarde a comer, por lo general no da buenos resultados.

Procura que se entere de lo que estás haciendo. No es necesario un memorando extenso sobre cómo limpias tu base de datos; un informe mensual, breve y numerado de los logros a corto y largo plazo y futuros objetivos es una forma de ponerle al tanto de tu contribución y progreso dentro de la empresa.

▶▶▶ *Cultiva una buena química con tu jefe entablando una comunicación eficaz.*

▶▶▶ *Regula el tono y los contenidos en la comunicación con tu jefe.*

11. AMPLÍA TU CÍRCULO

Esto te va a sonar típico de instituto, pero en el trabajo es crucial relacionarse con la gente apropiada. Por una parte está bien tener muchos amigos, pero por otra sólo dispones de cierta cantidad de tiempo para pasar el rato con la gente, así que asegúrate de que sean inteligentes, vayan bien vestidos y de que sus compañeros y supervisores les tengan en alta estima. Tu «pandilla» debería estar compuesta por gente ambiciosa de una presencia impecable y con futuro, no por gandules desaliñados. La idea es tener una red de amigos profesionalmente valiosos que pueda ayudarte a blindar tu carrera profesional, no a sabotearla. De modo que crea un equipo de aliados de primera categoría a lo largo y ancho de todo el organigrama que te hagan quedar bien, y que puedan hacerte tantos favores como los que tú puedes hacerles a ellos.

Por lo general uno tiene tres grupos de amigos en el trabajo: los amigos de verdad, los amigos de profesión y los que más vale tener como amigos que como enemigos.

Los amigos de verdad son aquellos a los que sinceramente aprecias y con los que te relacionarías aunque no trabajaras con ellos. Normalmente son los que haces durante la primera semana de trabajo y que conforman el pequeño círculo del que apenas te separas. Coméis juntos, bebéis juntos, os quejáis de los compañeros odiosos o de un jefe severo. Es reconfortante tener un grupo cercano de amigos, pero es más importante tener un círculo de amigos de mayor amplitud. Éstos son tus amigos de profesión.

Los amigos distribuidos por todo el organigrama empresarial pueden ser una sólida fuente de apoyo en tiempos buenos y malos, aportándote información confidencial, comentarios y

RECUERDA LOS NOMBRES

Presta mucha atención cuando una persona te dice su nombre. Mejor aún, interésate por saber su nombre. Si no has sacado nada más de la conversación, asegúrate de saber el nombre de la persona antes de despedirte. Normalmente estamos tan ocupados pensando en nosotros mismos y lo que queremos decir que olvidamos escuchar al otro. Éste es un método de tres pasos para recordar el nombre de una persona.

1. Véase la táctica número 4: «Escucha atentamente.»

2. Repite el nombre para ti mismo una o dos veces. En ocasiones es útil imaginar que lo escribes. Usa el nombre frecuentemente durante la conversación. O confirma su nombre al despedirte. «Juan, ¿verdad? Encantado de conocerte.»

3. Apunta el nombre de la persona lo antes posible, como asimismo cualquier cosa que recuerdes acerca de su actividad u otra característica que le identifique. El nombre de pila es lo principal. Una vez que hayas conocido mejor a la persona, ya puedes pasar a su apellido checoslovaco de ocho sílabas.

sugerencias acerca de tu rendimiento, y proporcionándote una ayuda inestimable en futuras búsquedas laborales. Estas relaciones a su vez proyectan una imagen clara de tu popularidad, tu equilibrio personal y tus contactos, lo que marca una diferencia notable cuando empiezan a llover los palos.

Para construir una red de amistades profesionales tienes que salir de tu agujero y llegar a personas a las que todavía no has prestado atención, como asimismo a otras que están totalmente fuera de tu grupo de trabajo más inmediato. Proponte conocer una persona nueva cada semana, aunque sólo sea pre-

LA ANATOMÍA DE UN AMIGO DE PROFESIÓN

Un amigo profesional no es alguien a quien tengas que pagarle para que sea tu amigo, aunque se me ocurren algunas ideas sobre cómo iniciar esa transacción (tal vez las desarrolle en el próximo libro). Es más bien alguien que te brinda su amistad en un contexto profesional y no en lo personal. Un buen amigo de profesión debe:

▶ Compartir tus objetivos profesionales. Ambos deseáis aprender, crecer, ser ascendidos y daros apoyo mutuo (y aferraros a vuestro empleo).

▶ Mostrar discreción. Si bien es cierto que nunca deberíais compartir detalles de vuestra vida personal u opiniones sobre vuestra vida laboral que pudieran dañaros en caso de hacerse públicos, deberíais poder fiaros el uno del otro y mantener la confianza mutua. Aun así tómate el tiempo necesario para medir vuestro nivel de confianza. Una cosa es lamentarse porque la becaria del departamento se niega a atender el teléfono; otra muy distinta es pasar información privilegiada sobre lo que te traes entre manos. Usa la cabeza; piensa cuál es la información inofensiva que puedes compartir para acercarte más y cuál es la que debes reservarte para blindar tu puesto de trabajo.

▶ Asimilar los parámetros de vuestra relación profesional. Es una relación entre pares, no es emocional ni profundamente afectiva. Y en caso de que vaya más allá y se convierta en una relación sexual, habrá dejado de ser una amistad profesional para ser un romance oficial. Ve con cuidado. Y consulta la táctica número 18: «Compórtate adecuadamente.»

sentándote en el ascensor o sentándote a su lado en la cafetería. Pregúntale acerca de su empleo, en qué proyecto está trabajando. Trata de seguir en contacto con ella a través del correo electrónico o por teléfono. Y si no es así al menos recuerda su nombre. La gente se siente halagada cuando después de un tiempo se encuentra con alguien que recuerda su nombre; casi siempre suele ser el comienzo de una bonita amistad.

Busca las oportunidades de asistir a eventos en los que haya representaciones de varios departamentos de tu empresa. La fiesta de diciembre y el picnic de la empresa son ocasiones obvias, pero no siempre son las mejores para hacer contactos perdurables. Los congresos internos, los cursos de formación, las ponencias de conferenciantes ajenos a la empresa: éstas son las grandes ocasiones para conocer y mezclarte con tus compañeros de trabajo más lejanos. Fíjate el objetivo de tener por lo menos un contacto en cada departamento y muchos en toda la empresa que ocupen puestos de asistencia. Puede que algún día la secretaria del jefe o los chicos de la fotocopiadora estén dispuestos a hacerte un favor. Hazte amigo de alguien de la «corporación», incluso si la sede central está a miles de kilómetros de tu lugar de trabajo. Mantén amistades a larga distancia si es necesario, por e-mail o por teléfono. Procura tener un amigo en Recursos Humanos, aunque él sea el beneficiario. Siempre necesitas de un amigo en Recursos Humanos. Todas estas relaciones en el plano profesional —desde el abogado de la empresa al que conociste jugando al béisbol en el picnic hasta el chico que trae el correo— te serán de gran valor a corto y a largo plazo.

Por último están esos que más vale tener de amigos que de enemigos. Son los que a decir verdad no te caen muy bien y pueden mostrarse algo competitivos contigo, y que con toda certeza serán tus adversarios (sobre todo cuando llegue el momento de ver quién es capaz de defender su puesto y quién

> **PARA QUE LO SEPAS**
>
> Nunca sabes si tu amistad profesional más valiosa será el vicepresidente al que llegaste a conocer cuando supiste que ambos teníais un perro labrador o el muchacho con pinta de rapero que se encarga de las fotocopias. Mi mejor amigo de profesión es mi viejo ayudante de confianza, Buddy. Es sumamente fiel y muy reservado, y, lo más importante, es mucho más avispado que yo. Protege mis intereses pero no es un lameculos, y sabe que eso es exactamente lo que necesito. No tiene miedo de levantarme la voz cuando estoy en un grave error, pero siempre lo hace en privado. Siente respeto por mi autoridad y aprendemos el uno del otro. Aunque, todo sea dicho, yo aprendo mucho más de él de lo que él aprende de mí.

no). A estos amigos debes tenerlos bien vigilados, por lo que ser un enemigo declarado no te permitirá la proximidad necesaria para no quitarles el ojo de encima. Así que, como dice Tony Soprano, mantente cerca de tus amigos pero más cerca de tus enemigos. Mantén con cada uno de ellos una relación cordial, profesional y cautelosa.

Ésta es la parte reconfortante del panorama de tu círculo de amigos: en mi opinión, las buenas amistades profesionales en el trabajo dan como resultado una mayor productividad, una actitud más positiva y creativa en términos generales y una permanencia laboral ampliamente superior. Ésa es la verdad. Hacer buenos amigos en el trabajo te hará más feliz y eficaz en tus labores y por tanto será más probable que conserves tu empleo. Así que ponte a hacer amigos.

▶▶▶ *Procura tener los amigos adecuados.*
▶▶▶ *Cultiva amistades profesionales que puedan beneficiarte.*

12. PRESÉNTATE

A menos que trabajes en una empresa pequeña, es casi imposible que tengas la posibilidad de trabajar codo con codo con el presidente, el presidente de la junta o el director ejecutivo de tu compañía. Son muchos los niveles que los distancian de ti, están demasiado lejos, y hasta ahora eso ha funcionado bien, ¿no es cierto? Tú sigues picando piedra en tu escritorio sin darte por vencido, aspirando a escalar algunas posiciones en el organigrama empresarial antes de que todo se haya dicho y hecho. Y ellos están allá afuera en la estratosfera, tomando las grandes decisiones, asumiendo grandes riesgos. Mejor que lo hagan ellos y no tú, ¿verdad?

Uno de los mayores errores que puedes cometer es pensar que no existe conexión alguna entre tú y el Gran Jefe. Lo cierto es que tenéis dos cosas en común: trabajáis para la misma empresa y queréis que la empresa prospere. Ah, y una cosa más: ¡Ambos queréis conservar vuestros empleos! Ésa es la verdad. A los de arriba les preocupa tanto como a ti blindar sus puestos de trabajo, quizá más. Llevan en la frente un blanco más grande que el tuyo. Si empiezas a pensar en ellos como los líderes de una batalla que estáis librando todos a la vez, la distancia entre vosotros se reduce un poco, ¿no es así?

Puedes valerte de esta importante realidad que compartís para consolidar tu posición de una manera muy sencilla: presentándote. Para presentarte ante un pez gordo no es necesario que tu nombre figure en una cartelera. Sólo tienes que encontrar la ocasión para saludarle y transmitirle tres datos importantes: tu nombre, la relación que te une a él y un discurso acerca de tu persona.

No estoy sugiriendo que te conviertas en el mejor amigo

TU DISCURSO PERSONAL

Siempre deberías tenerlo preparado para pronunciarlo, no sólo en presencia de tu jefe. Es el anuncio de treinta segundos que deberías tener a mano para darte publicidad delante de cualquier persona. Es tu discurso para venderte y la manera en que promocionas, consolidas y expandes tu propia marca.

Tus impresiones personales deberían dejar bien claro quién eres, qué haces y cuál es tu aporte exclusivo a la empresa y/o a tus clientes, en un discurso transparente, seguro y conciso. Para crear tu discurso, haz una lista de dos o tres de tus méritos más sobresalientes y enumera dos de tus mayores logros en el trabajo. Desarrolla en pocas palabras un pequeño perfil de ti mismo, alternando tus datos personales (nombre, cargo) y la información que destaque tus puntos fuertes (esa universidad pija en la que estudiaste, los premios recibidos por tu desempeño laboral, la cantidad de dinero que le has ahorrado y hecho ganar a la empresa, el gran proyecto en el que estás trabajando, etc.). No es que te estés jactando de nada, sólo intentas comunicar tus puntos fuertes de la manera más escueta posible.

Cuando ya tengas listo un discurso pensado, sólido y convincente practícalo delante del espejo hasta que te lo sepas al dedillo y puedas pronunciarlo sin que parezca que lo estás ensayando. Úsalo cuando conozcas a la gente que ocupa los altos cargos, úsalo en los congresos, úsalo en las fiestas. Es como una tarjeta de visita a la enésima potencia.

del director ejecutivo. No intentas saltar por encima de los cuadros directivos de la compañía, al estilo de esas películas sobre el mundo empresarial basadas en cuentos de hadas, como *Armas de mujer* (*Working girl*) o *Big* (*Quisiera ser grande*). Tu meta es ayudar a los de arriba a que te ayuden a blindar tu puesto de trabajo. Y ellos ni siquiera sabrán que te están echando un cable.

En primer lugar, has de familiarizarte con los nombres, las caras y las funciones de quienes están bien situados. Empieza con la lista del directorio de tu empresa y luego no te cortes un pelo en buscar sus nombres en Google. Quieres conocer el antes, el después y todo lo que ocurrió en el medio. ¿A qué viene todo este trabajo detectivesco? Como mínimo estarás al tanto de todo aquello que se traigan entre manos y anuncien en la prensa, lo que podría ser de suma utilidad para iniciar tu primera conversación. En el mejor de los casos averiguarás que fue a la misma universidad que tú o que proviene del mismo pueblo que tu abuelo, lo que para ti será como dar con una mina de oro. Esos detalles personales son vínculos de gran impacto capaces de multiplicar considerablemente el valor de una simple presentación.

En segundo lugar, piensa en todas las ocasiones posibles para darte a conocer. Averigua cuáles son los eventos dentro y fuera de la empresa a los que asiste esta gente. Lo ideal sería que aparecieras en una convención profesional donde pudieras presentarte y causar una buena impresión por el simple he-

PREGÚNTATE

▶ ¿A qué me dedico?

▶ ¿Cuál es mi especialidad?

▶ ¿Qué tiene de excepcional el trabajo que realizo?

▶ ¿Qué tiene de excepcional mi formación?

▶ ¿Cuáles han sido mis logros más destacados?

UN ENÉRGICO APRETÓN DE MANOS

Un mal apretón de manos es como presentarte con un pedacito de espinaca en los dientes o un descosido en la costura del pantalón. Es difícil pasarlo por alto como asimismo olvidar la impresión que causa. La cual no es precisamente buena. Creo que un buen apretón de manos tiene que ser enérgico, por todas las razones que puedas imaginar. Así debe ser un apretón de manos:

▶ Firme: no es necesario que estreches la mano como si fueras el Increíble Hulk, pero sí con bastante firmeza como para transmitir seguridad en ti mismo, capacidad y formalidad. Pide a tus familiares y amigos que te den una opinión sincera sobre tu firmeza al estrechar la mano. Las mujeres sobre todo necesitan ofrecer un firme apretón de manos y deberían ser correspondidas con la misma firmeza, especialmente por los hombres.

▶ Vertical: la palma hacia abajo transmite un mensaje agresivo y dominante, mientras que la palma hacia arriba indica debilidad y sumisión. Estrecha la mano de modo que la tuya esté en posición paralela con la de la otra persona.

▶ Breve: un apretón de manos no equivale a echar un pulso. Dos segundos ya es suficiente.

Sé el primero en extender la mano y di tu nombre completo al mismo tiempo, incluso si se trata de una situación en la que puede que ya conozcas a la persona de antes. Y mantén el contacto visual. Si no entablas contacto visual con la persona mientras le estás estrechando la mano quedarás como una persona insegura en el mejor de los casos, y en el peor como un tipo sospechoso.

Bill Clinton es el maestro del apretón de manos y el contacto visual. Siempre que le estrecha la mano a una persona la mira directo

> a los ojos y gentilmente le toca el codo derecho con la mano izquierda. Esto acentúa el contacto humano, hace que la persona disfrute sintiendo que está recibiendo toda su entusiasta atención. Darle a alguien un apretón de mano al estilo Clinton es una manera estupenda de cerrar un trato.

cho de asistir a un evento de importancia. Sin embargo, también podría ser que la oportunidad te sorprendiera en un viaje en ascensor de tres minutos, así que estate preparado en todo momento.

Tu madre tenía razón cuando te decía que no hay una segunda oportunidad para causar una buena impresión, de modo que cuando se te presente la tuya no la dejes pasar. Di tu nombre, deja claro cuál es tu vínculo con esa persona y suéltale el rollo. Hazlo con calma pero sin pausa, mencionando algo que pueda recordar, como un proyecto en el que estás trabajando o la universidad a la que fuiste. Prepárate para responder a un par de preguntas acerca de ti y para preguntar sobre algo que descubriste investigando, si resulta apropiado, a fin de que la conversación vuelva a centrarse en él. Evita la adulación («¡He leído todos sus libros!») en beneficio de mostrarte interesado y bien informado («Tengo entendido que pronto publicará un nuevo libro»). Preguntarle si tiene hijos, a qué universidad fue y cuál es su ciudad natal siempre funciona, especialmente cuando ya te has documentado y sabes la respuesta.

Sigue en contacto a través de correos electrónicos o notas escritas a mano, recordándole vuestro breve encuentro y diciéndole cuánto lo disfrutaste. Reitérale cuál es la relación que tienes con él y añade un dato sobre algo dicho o sucedido que ancle el recuerdo en su memoria («Ha sido un placer conocerle y estoy deseando leer su nuevo libro»). Esto aumentará la

> **PARA QUE LO SEPAS**
>
> Mencionar nombres importantes es un recurso ingenioso si intentas entablar un vínculo con el Gran Jefe. Sin embargo, requiere de mucho arte, así que ve con cuidado. Si has investigado y descubierto que tenéis un conocido en común (tu compañero de habitación en la universidad es el hijo de su primer jefe, por dar un ejemplo), encuentra una manera agradable de mencionarlo durante la conversación. Si conoces a alguien notable en tu campo que crees que le impresionará, menciónalo. Pero tienes que estar seguro; no te interesa invocar el nombre de alguien que es su enemigo mortal o algo parecido. Y menciona el nombre sólo una vez; más de una vez te hará parecer un aficionado superentusiasmado. Nombrar gente importante despierta simpatía, si lo haces con cierta habilidad; si lo haces con torpeza quedas como un retrasado, un fanfarrón, o ambas cosas.

posibilidad de que te recuerde la próxima vez que os encontréis.

Repite este mismo procedimiento con tantos gerifaltes como te sea posible, sin crearte fama de acosador de ejecutivos. Y encuentra un modo casual, discreto y cauteloso de mencionar estos encuentros a tu supervisor más cercano. Este recurso estratégico es dinero en una caja blindada; crea la sutil impresión de que estás mejor relacionado (y más protegido) de lo que en realidad estás.

▶▶▶ *Entra en contacto con los jefazos.*
▶▶▶ *Prepárate para causarles una impresión memorable.*
▶▶▶ *Practica un apretón de manos enérgico.*

13. DIVULGA TUS LOGROS

Hay un truco para asegurarte de que la gente adecuada se entere de que tu trabajo es bueno. Por una parte, no quieres que te vean como un acaparador de méritos o un fanfarrón. Por otra, si no transmites tus éxitos y tus logros, nadie lo hará por

BUENAS NOTICIAS QUE CONVIENE DIFUNDIR

A veces la mejor manera de difundir una buena noticia es ponerla por escrito y asegurarte de que todo el mundo la lea. Algunas noticias se adaptan a esta modalidad mejor que otras. Un ejemplo del tipo de información que vale la pena imprimir es aquella que comprende un proyecto que aporta ventajas a la comunidad o a una organización benéfica en particular. O, más objetivamente, tú podrías formar parte de un estudio o proyecto destinado a mejorar las relaciones públicas de tu empresa. Si crees tener una noticia valiosa, ve directo al departamento de comunicación de la empresa (es de esperar que ya te hayas hecho amigo de la directora de comunicación y de su ayudante, de modo que se encargarán de difundir tu noticia rápidamente). Si tu empresa es lo bastante grande, tiene que haber personas que se ocupen de que el nombre de la compañía figure en la prensa, y puede que tú les estés sirviendo un asunto jugoso en bandeja de plata. Quedas bien tú, quedan bien ellos, todo el mundo sale ganando. Ya sea si tu nombre sale o no en el comunicado de prensa o en el artículo del periódico, haz fotocopias de máxima calidad o escanéalo para hacerlo circular entre tus contactos con una nota aclaratoria: «Pensé que os gustaría saber...» No te precipites en dar la noticia; primero averigua cuál es el protocolo de tu empresa en relación con los medios de comunicación, y síguelo al pie de la letra.

ti. De modo que la pregunta es: ¿cómo puedes hacer sonar tu trompeta sin desafinar?

Antes de nada, procura construir tu mensaje en primera persona del plural y no en primera del singular. Piensa de qué manera tu talento ha beneficiado a tus compañeros y a la empresa en general. Un ejemplo: un correo electrónico dirigido a tu jefe de sección o a un directivo podría decir lo siguiente: «Pensé que le gustaría saber que mi equipo ha finalizado el Proyecto X, y me complace informarle que no sólo lo hemos acabado a tiempo y por debajo del presupuesto, sino que además el cliente nos ha pedido que nos ocupemos del Proyecto Y.» Usar el «nosotros» en lugar del «yo» te asegura que tu jefe no se sentirá amenazado por tus logros.

Mejor aún, consigue que otra persona (como tu supervisor) difunda la noticia vía e-mail o por medio de un boletín informativo. Tendrás la misma publicidad pero con un pequeño plus ya que alguien estará tocando la trompeta por ti. También puedes enviar un correo electrónico con el asunto «Buen trabajo» dirigido a un público más amplio. El hecho de compartir este tipo de noticias deja entrever que el mérito del logro grupal es tuyo.

Hazte amigo de la persona que está a cargo del boletín informativo de la empresa. Después de publicar todas las primicias sobre donaciones de sangre y beneficios, estas publicaciones suelen quedarse sin contenidos. Cuando trabajas en una empresa grande, el director ejecutivo nunca asiste a la fiesta de fin de año. Pero siempre lee el boletín informativo de su empresa. Así que no pierdas la oportunidad de difundir tus noticias por medio de este boletín.

Aprovecha cualquier ocasión para compartir tus últimos éxitos cara a cara; prepara un breve anuncio de treinta segundos para disparar como de paso a tus colegas en el ascensor, en

UNA HISTORIA REAL

Ryan, un joven contable que trabajaba para una gran empresa, había sido corredor de carreras de larga distancia en el instituto y con frecuencia participaba en competiciones locales y regionales los fines de semana. Cuando ganó la carrera de los diez mil metros de la recaudación de fondos para el cáncer, envió un e-mail informativo al director de Relaciones Públicas de su empresa, pensando que aparecería en el boletín mensual. En lugar de eso, una bonita mención en el periódico local llamó la atención de la presidenta de la empresa, que tenía un hermano enfermo de cáncer. Ella escribió un e-mail a Ryan, y antes de darse cuenta él ya estaba tuteándose con su jefa y luciendo el logo de la empresa en la camiseta que llevaba en las carreras.

la comida, en las reuniones. Te ayudará a divulgar tu buena nueva en casa a la vieja usanza: de boca en boca. Acostúmbrate a compartir tus logros de esta manera para asegurarte de que se hable bien de ti permanentemente.

Por último, prepara un resumen de tus logros para presentar antes de una evaluación de rendimiento o de una reunión para informar sobre la marcha de un proyecto. De este modo te adelantarás al intercambio demostrando tus contribuciones valiosas y cuantificables, y así te situarás a salvo en una posición ventajosa.

▶▶▶ *No seas tímido a la hora de comunicar buenas noticias que tengan que ver contigo.*

14. SÉ ENTUSIASTA

Si odias tu trabajo o a tu jefe o a la empresa para la que trabajas, existe la posibilidad de que tanto tus compañeros como tu jefe lo noten. Tu resentimiento te vuelve una persona negativa, y si bien puedes permitirte ser un malvado tolerable y necesario cuando las cosas van bien, es poco probable que encuentres protección en tiempos difíciles. Ésa es la dura verdad.

Y aunque en el fondo estés contento con lo que te ha tocado en suerte (y quiero creer que lo estás desde que empezaste a leer este libro), necesitas incrementar aún más ese sentimiento, pasar de ser el empleado ligeramente satisfecho a ser un fan absoluto de la empresa. Sí, uno de los que llevan los colores del equipo pintados en la cara y agitan una mano gigante de gomaespuma con la inscripción «SOMOS LOS MEJORES».

Hay dos razones muy simples por las que tú tienes que beber el refresco de tu empresa. La primera, porque ser entusiasta es todo lo contrario de ser un amargado con los ánimos por

---

PREGÚNTATE

▶ ¿Hablo bien de mi empresa a mis compañeros?

▶ ¿Hablo bien de mi empresa a la gente de fuera?

▶ ¿Estoy contento con los éxitos de mi empresa?

▶ ¿Demuestro a mis compañeros que celebro sus triunfos?

▶ ¿Soy una influencia positiva para mis compañeros?

los suelos, el típico personaje que en sus mejores días lleva en la espalda un letrero enorme que dice «Despedidme». Y la segunda, porque si te comportas como un fan —apoyando de verdad a tu empresa, a tus compañeros y a tus clientes para alcanzar el éxito— tus jefes notarán tu actitud positiva y sin duda notarán cómo eso levanta la moral a los demás. La actitud supera a la aptitud en cualquier día de la semana. Al final de cada jornada, el entusiasmo que has suscitado en beneficio de tu puesto de trabajo y de tu empresa puede ser tu arma más valiosa para salvaguardar tu empleo.

Cuando de verdad animas a tu equipo en lugar de ser indiferente o, lo que es peor, cínico, la energía positiva se contagia a tus compañeros y al mismo tiempo a tu jefe. Tu energía y optimismo pueden ser una inyección de moral para cualquiera y durante períodos difíciles puede producir un cambio en el ambiente de trabajo reemplazando el malestar por el entusiasmo. Una buena actitud te asegurará un blindaje protector y te ayudará cuando llegue el momento de los ascensos.

▶▶▶ *Busca ocasiones para demostrar que eres el máximo impulsor de la empresa.*

GRÁBATELO

Hacerse visible no es algo que se consiga de la noche a la mañana. Y es innegable que algunos de nosotros podemos tenerlo más difícil que el resto para llevar a cabo con éxito esa misión. Pero cualquiera puede empezar a realzar y mejorar su imagen a partir de ahora. He aquí algunas cosas que puedes poner en práctica:

▶ Concéntrate en aquellos aspectos que puedes controlar; por ejemplo, tus hábitos laborales y tu presencia.

▶ Escoge tareas que estén a tu alcance de aquellos trabajos a largo plazo que pudieran afectar positivamente a tu situación: ofrécete como voluntario para asistir a congresos o dirigir un proyecto.

▶ Ataca objetivos más amplios, como darte a conocer y aumentar tu círculo de relaciones.

El objetivo final es conseguir que estos tres platos giren al mismo tiempo —no hacerlo como si se tratara de un entrenamiento, sino adoptarlo por costumbre—. Llevar a cabo estos cambios lo antes posible te ayudará a protegerte desde ahora mismo; convertirlos en un hábito te ayudará a construirte un futuro asegurado.

2
ACTUAR CON TRANQUILIDAD

Cualquier padre o madre te dirá que hay bebés tranquilos y bebés difíciles. Los bebés tranquilos comen cualquier cosa que les des, duermen largas siestas, gorjean plácidamente, nunca se quejan y duermen toda la noche. Los bebés difíciles lloran y exigen y se enfadan y vomitan y nunca, nunca jamás consiguen dormir. El bebé difícil es desdichado y te hace desdichada y no ves la hora de enviarlo al jardín de infancia para poder prepararte una taza enorme de té helado y ponerte al día con todas esas revistas de famosos de las que te ha mantenido alejada.

Pues tengo algo que decirte. Puede que la mayoría de la gente con la que trabajas pase por alto que eres un bebé difícil mientras las cosas vayan bien. Puedes rezongar y replicar y echar pestes a tu antojo mientras tengas el trabajo terminado a tiempo y no robes dinero de la caja. Pero cuando las cosas no vayan tan bien y tu jefe esté buscando algo pesado para arrojar por la borda, vas a ver montones de bebés difíciles —lo que yo llamo empleados «demandantes»— flotando en el agua, agitando a lo lejos sus cartitas de despido. Esto sí que debería hacerte llorar.

Ser una persona de trato fácil en el trabajo es fundamental

para conservar tu puesto. Y no sólo hoy, que has escuchado el rumor de que habrá recortes en tu sección, sino que siempre has de comportarte tranquilamente con quienes trabajas, con quienes hablas, con quienes compartes un horario, y sobre todo no demostrar que eres una persona difícil. Los empleados difíciles son un grano en el culo, siempre protestando y causando problemas y haciendo más difícil el trabajo de todos. A fin de cuentas no aportan lo que valen, **así que cuando tu jefe tenga que escoger entre un tipo tranquilo y un tipo difícil elegirá al tranquilo.**

15. PARA DE QUEJARTE

Verás: puede que un empleado quejoso reciba finalmente atención, aunque también es probable que le despidan. Es así de simple. Así que para ya de quejarte.

¿Quién, yo? Sí, tú, la que se queja constantemente porque en la oficina hace demasiado frío o porque no sabe manejar la red telefónica o porque en la reunión semanal no sirven rosquillas sin gluten o porque el jabón del baño de mujeres te produce urticaria. Para empezar, nadie quiere saber nada que tenga que ver con tu urticaria. Y además, si casi todo lo que dices a diario suena como una música de ascensor deprimente y llorona, tienes problemas más serios que tu urticaria, créeme.

¿Que el viaje diario al trabajo es un fastidio? Qué pena. ¿Que estás atrasado con la faena? Qué pena. ¿Que te ha tocado un cubículo demasiado pequeño? Qué pena. No quiero oír

UNA HISTORIA REAL

Roberta era una jefa de cuadro medio en una pequeña empresa de comunicaciones. Se la conocía porque era muy cualificada en su trabajo, pero también por ser una quisquillosa habitual en todo lo relacionado con la oficina que ella consideraba que afectaba al medio ambiente. Se mostraba particularmente alterada por la existencia de los tubos fluorescentes en el techo y se quejaba permanentemente a su jefe y en las reuniones de personal sobre los efectos perjudiciales de esa luz. Sus compañeros se limitaban a ignorarla, hasta que ella empezó a apagar las luces que estaban cerca de su mesa de trabajo reemplazándolas por una lámpara de escritorio. Esto hizo que se sintiera más a gusto pero prácticamente dejó a sus compañeros en la oscuridad. Lo próximo en su agenda de activista de oficina fue denunciar el uso imperdonable de productos no orgánicos en el servicio de limpieza. Cuando se apresuró a escribir el memorando para informar de esto al director ejecutivo, su jefe recordó que tenía que hablar con ella acerca de sus molestas «manías» ecológicas. Pero no fue necesario. Dos semanas más tarde le informaron desde arriba que tenía que realizar una reducción del cuatro por ciento de su plantilla, y sin ni siquiera pensarlo él apuntó el nombre de Roberta como primero de la lista.

nada de eso. Da igual si eres la estrella de la empresa, quejarte te hará descender.

Quejarse en el trabajo debería ser el último recurso, una bandera amarilla que agitas antes de telefonear a la Agencia de Protección Ambiental por el amianto cancerígeno que inhalas del tubo de ventilación que está encima de tu escritorio. Porque lo cierto es que ni tu jefe ni tus compañeros ven la diferencia entre el correo electrónico malhumorado que envías a Recursos Humanos informando de que tu silla no es del

> **PREGÚNTATE**
>
> ▶ ¿Me comporto de manera impulsiva, agresiva y mezquina cada vez que me quejo?
>
> ▶ ¿Me quejo de cosas que ya quedaron atrás?
>
> ▶ ¿Me quejo de cosas que tienen solución?
>
> ▶ ¿Me informo sobre lo que debería hacer mi superior antes de presentarle un problema?
>
> ▶ ¿Quedará mi superior en un buen lugar tras resolver mi problema?

todo ergonómica y el chivatazo a los federales comprometiendo a la gran empresa para la que trabajas. Tanto una reclamación como la otra son un grano en el culo y contribuyen a empeorar las cosas para todos en la empresa.

Si tienes un asunto que de verdad necesitas resolver —digamos, una misteriosa deducción que sigue apareciendo en tu nómina—, resuélvelo sin quejarte. Presenta tu problema a la persona indicada como un hecho documentado, no como una reclamación. Aporta todo tipo de información de apoyo u otro tipo de ayuda que le sirva a la persona para solucionar tu problema. Si sabes con certeza cómo se puede resolver el problema, explícalo en detalle. Si te diriges con calma —y en un tono agradable— a la gente para que te ayude, por lo general estará dispuesta a ayudarte. En muchos de estos casos, aquellos amigos que estratégicamente fuiste haciendo por toda la empresa pueden resultar de suma utilidad.

Tus lamentaciones gratuitas también contribuyen a un

aumento considerable de la cultura de la queja en tu ámbito de trabajo, lo cual es una plaga dañina para la moral. Y en el instante que tus superiores tengan una excusa (reducción de personal, que le llaman) para librarse de la plaga, sin duda lo harán.

El quejoso crónico es como un gato que intenta arañarte cada vez que pasas a su lado; al principio lo ignoras, luego lo evitas, y finalmente terminas por regalar ese precioso gatito. ¡Y punto! Así que la próxima vez que quieras quejarte de la temperatura de la oficina, ponte un suéter y cierra el pico.

▶▶▶ **Resiste el impulso de quejarte y lamentarte.**
▶▶▶ **Encuentra maneras de resolver tus asuntos sin quejarte.**

16. CUIDADITO CON LO QUE DICES

¿Sabes una cosa? Tu madre tenía razón. Si no eres capaz de decir las cosas con educación, no digas nada. Esto es doblemente cierto en el trabajo y más aún si atraviesas por un período de inseguridad laboral. Alguien que no es capaz de suavizar sus palabras cuando se relaciona con sus compañeros no merece ser tenido en cuenta a la hora de tomar decisiones difíciles respecto a la plantilla. De hecho, para los jefes es un alivio la posibilidad de deshacerse de los bichos raros desagradables y echar la culpa a los recortes de plantilla.

La intimidación, la burla, la mofa pública, la condescendencia y el sarcasmo no tienen lugar en el trabajo. Da igual si piensas que un compañero tuyo es incompetente, estúpido o soso; señalarle, ya sea en privado o delante de los demás, resulta inapropiado y desacertado. Esta clase de comportamiento hará que te consideren un veneno mortal, y te garantizo que tus compañeros te evitarán y tus superiores encontrarán la manera de apartarte del rebaño.

Lamentablemente, la mayoría de la gente que entra en esta categoría ignora hasta qué punto su grosería es censurable. Si respondes «Sí» a alguna de las siguientes preguntas significa (malas noticias) que estás muy lejos de proteger tu puesto de trabajo y que (buenas noticias) eres un candidato excelente para la deconstrucción jungiana.

- ¿Has hecho llorar a alguien en el trabajo?
- ¿Alguien ha dimitido después de tener una conversación contigo?
- ¿Sueltas tacos con frecuencia o utilizas palabras violentas en las conversaciones con tus compañeros?
- ¿Te consideras la única persona competente en tu oficina, incluso más que tu jefe, el jefe de tu jefe y el director ejecutivo?
- ¿La gente te planta cara para hacerse oír o criticarte en pareja o en grupos en lugar de hacerlo de uno en uno?

Si bien no eres el Godzilla de la oficina, sembrando la destrucción aquí y allá a base de palabrotas, podrías tener problemas. Aquel que habitualmente dirige a sus compañeros toda clase de desplantes, insultos en clave de humor, tonterías sin gracia y cumplidos con doble sentido, a la larga se termina creando una imagen de listillo y mala persona; no es tan temido como escasamente tolerado, y sin duda no será un favo-

> **PARA QUE LO SEPAS**
>
> A estas alturas en tu trabajo tienes que haberte encontrado al menos en una ocasión con que el tono o el contenido de un correo electrónico enviado o recibido provocó una desavenencia involuntaria entre tú y el destinatario. Los correos electrónicos son una maravilla y no hay duda de que gracias a ellos la gente se comunica más y mejor. Pero el hecho de que carezca de ese matiz propio de la conversación cara a cara puede hacer que un mensaje inocente tenga el efecto de un cóctel Molotov. Por eso yo procuro ser amable en los e-mails —en mi caso me valgo de la secuencia de caracteres para configurar una carita sonriente o montones de risas—, pero no intento hacerme el gracioso o expresar enfado. Hay demasiadas razones por las que podría salirte el tiro por la culata, y es completamente innecesario. Por eso también intento usar mi BlackBerry sólo para recibir correos y el ordenador de la oficina para responderlos. A menos que tenga que responder «Te veo a las siete y media delante del restaurante», para mí es más seguro escribir una respuesta educada, comedida y eficaz sentado a mi escritorio.

rito cuando llegue la temporada de cartas de despido. Los fanfarrones y los bocazas son igualmente vulnerables.

Entonces, ¿cómo puedes asegurarte de no estar metiendo la pata cada vez que abres la boca?

> ➤ Sé cuidadoso al escoger las palabras. No utilices términos negativos ni despectivos cuando hables con tus compañeros —o cuando hables acerca de tus compañeros con tu superior—. Empieza siempre con una observación positiva, incluso si a continuación es necesaria una crítica: «Es genial que lo hayamos terminado dentro del plazo previsto, pero probablemente hemos co-

NO ERES SIMON COWELL

A la estrella de *American Idol* le pagan un pastón para ser desagradable, irritable y ofensivo. A ti no. Además de su enorme talón, la diferencia más grande entre tú y Simon es que él está representando un papel mientras que tú estás representándote a ti mismo. Puedes pensar que tu sinceridad brutal, tu disparo certero y tus letanías interminables sobre los defectos de los demás son críticas constructivas, pero tus compañeros las odian y probablemente también te odian a ti.

A Simon le da igual que la gente lo odie porque se lo puede permitir, pero tú no. El trabajo es un concurso de popularidad, y la dura verdad es que cuando el trabajo empieza a escasear el que conserva su puesto es el tío que le cae mejor al jefe. Y normalmente es el tío amigable, el tío agradable, el tío que hace que los demás se sientan bien y no unos miserables. Así que la próxima vez que te veas tentado de decirle a un compañero «Has estado como en un karaoke penoso y grotesco», no lo hagas.

metido muchos errores.» Habla siempre de «nosotros», no de «tú», a fin de evitar que la crítica se vuelva personal. Y piensa antes de hablar, incluso ensaya lo que vas a decir antes de decirlo. No puedes retractarte de un comentario sarcástico o hiriente, pero puedes evitar soltarlo al principio. Por último, nunca intentes parecer listo a expensas de otra persona. Corregir a un compañero delante de los demás por el mal uso o la mala pronunciación de una palabra sólo servirá para confirmar que eres el imbécil que todos creían que eras.

➤ Cuida tu tono de voz. Chillar nunca es una buena idea, eso está claro, pero tampoco lo es el sarcasmo o la condescendencia, lo cual está relacionado con lo que dices y cómo lo dices en la misma medida. Piensa en tu tono

de voz como la melodía y en tus palabras como la letra. Esto te ayudará a intentar cantar una bonita canción.
- Sé diplomático. Saber encontrar el momento oportuno es importantísimo cuando se trata de quedar bien en el trabajo. Nunca regañes a alguien delante de los demás; si tienes que enfrentarte con un compañero por un problema hazlo en privado y con mucho tacto. Sé comprensivo con el estado anímico de la otra persona; tu jefe no necesita enterarse de vuestra bronca cuando acaba de caerle una bronca de su propio jefe. Ni tampoco el tipo del despacho de al lado cuando se está matando por cumplir con un plazo de entrega.

▶▶▶ **Sé prudente con lo que dices y cómo lo dices.**
▶▶▶ **Demuestra tu tacto y sensibilidad en el trato con tus compañeros.**

17. DEJA LOS PROBLEMAS DOMÉSTICOS EN CASA

¿Estás atravesando un momento difícil en tu matrimonio? ¿Tus hijos se portan mal? ¿Estás preocupado por la salud de tu madre? ¿Tienes problemas para pagar la hipoteca? Bueno, bienvenido a la vida. Todos vivimos estresados y presionados y apretados y aterrorizados por un montón de cosas, y puede que sea difícil evitar que esos problemas personales afecten a nuestro trabajo. Pero lo cierto es que si no te las apañas para dejar esos problemas en casa corres el riesgo de quedarte sin empleo.

PARA QUE LO SEPAS

En un mundo perfecto serías la viva imagen del profesionalismo y nadie en el trabajo sabría que tienes una vida personal de pena. En el mundo real, sin embargo, hay momentos en los que contarle tus problemas a tu jefe es la única manera de blindar tu puesto de trabajo. Parte del «romance» continuo con tu jefe consiste en llegar a conocerle —y permitir que él llegue a conocerte— lo suficiente para que cada cual se preocupe (en su justa medida) por lo que ocurre en la vida del otro. Y si bien no quieres que tus problemas te definan o te distraigan de tu trabajo, a veces una confesión oportuna de un problema personal a tu jefe podría ayudarte.

Un ejemplo de cómo ser oportuno: si tu jefe no tiene hijos, difícilmente estará familiarizado con los problemas de la gente en relación con sus hijos y no tendrá paciencia para oír los tuyos. Así que ésos guárdatelos. Por otro lado, si sabes que le encantan los perros y tú también tienes uno, ya tenéis algo personal en común que te podría venir muy bien.

Un ejemplo de cómo podría ayudarte la confesión de un problema personal: supongamos que en tu vida todo es un desastre; tu hijo ha suspendido geometría, tienes que cambiar el horno y tu perro tiene una especie de bulto en el pescuezo que podría ser grave. Cuéntale a tu jefe lo del bulto de tu perro. A continuación aprovecha ese momento de solidaridad y relajación que él te está dedicando para tratar con rapidez ese y todos los demás asuntos. Y por cierto: cuando solicites su ayuda hazlo de un modo directo e impasible. Si te arrastras, sonríes como un idiota o suplicas por favor, parecerás débil y problemático.

Una advertencia: sólo dispones de un par de oportunidades para que tus superiores se apiaden de ti. Así que aprovéchalas muy muy sabiamente y sólo cuando estés seguro de que cuentas con toda su buena voluntad. De otro modo pensarán a la primera que tú y tus problemas son un problema para ellos.

Las personas que arrastran su carga personal al trabajo lo hacen por muchas razones. Algunas consideran amigos a sus compañeros de oficina y no ven ningún motivo para no compartir con ellos hasta el último detalle de su vida privada. Otras están tan agobiadas con sus vicisitudes personales que se refleja en la disminución de su sentido del humor y su productividad, lo que invariablemente afecta a la gente que les rodea. Y otras son auténticas reinas del drama que no están contentas hasta no generar un poco de revuelo a su alrededor, ya sea personal o profesional. Todas estas personas deberían dejar su equipaje en casa.

Cuando revelas todos tus problemas personales en el trabajo, empiezas a convertirte en un gran problema para todos los que te rodean. Ruedas pinchadas, hijos enfermos, un empaste de una muela, un lavavajillas estropeado, un fallecimiento en la familia, un sótano inundado, un novio infiel, migrañas crónicas, bla, bla, bla. Si cometes el error de contarle un problema una sola vez a uno de tus compañeros estarás abriendo la puerta a tu vida privada y volviéndote vulnerable a las opiniones, las indiscreciones o cosas peores. Si hablas todo el tiempo de tus problemas te creas una imagen de persona atormentada, nerviosa, desafortunada e incluso incompetente. Si no puedes con las pequeñeces de tu vida personal, ¿cómo se supone que podrás manejar una cuenta grande como la de Henderson?

Separa lo personal de lo profesional siendo sumamente estricto contigo mismo en lo referente a aquello que compartes con tus compañeros de trabajo. Cuando estés pasando por un momento difícil aférrate a temas impersonales (deporte, películas, cocina) para rellenar el espacio de las conversaciones que de otro modo podría dar lugar a preguntas entrometidas por parte de ellos y a respuestas demasiado detalladas de tu parte.

Encuentra cualquier otro sitio para aparcar tus problemas

PARA QUE LO SEPAS

El equilibrio entre la vida familiar y laboral es algo que la mayoría de la gente ha conseguido a lo largo de generaciones sin necesidad de un concepto específico que lo defina: levantarte, ir a trabajar, hacer tu trabajo, regresar a casa, cenar, pasear al perro, cortar el césped, ir a dormir, levantarte, ir a trabajar otra vez. Lo que ha cambiado es otro concepto que se ha infiltrado en el vocabulario moderno: estrés. Parece que nos hemos convertido en esclavos de nuestros trabajos y que la presión implícita afecta a nuestra salud, a nuestra vida familiar y social y a nuestra calidad de vida en general. En resumen, que nos estamos consumiendo en llamas, y hay todo un movimiento en pie reclamando que hagamos de dicho equilibrio una prioridad laboral, implementando programas de control de estrés, técnicas para administrar mejor el tiempo y jornadas laborales más cortas y flexibles.

Deja que te diga una cosa. Estrés es una palabra peligrosa que nunca deberías mencionar en el trabajo. Es otra manera de decir: «No doy abasto con este trabajo, ¿por qué no me despedís?» Verás: no se llama «relajación» ni tampoco «ocio», se llama «trabajo». El trabajo es duro, y si bien se puede disfrutar muchísimo, en gran medida no es más que trabajo. Ponerte a lloriquear porque estás muy estresado sólo te hace parecer un incompetente. Un técnico de una sala de urgencias, un piloto de caza: esa gente sí que tiene trabajos estresantes. Pero si alguno de ellos fuera por ahí diciendo que está muy estresado, ¿cuánto tiempo crees que pasaría antes de que tuviera que buscarse otro empleo?

Por favor, compréndelo: estoy totalmente a favor del equilibrio. Pero te aseguro que hay pocas cosas que te harán sentir más estresado —y desequilibrado— que perder tu trabajo. La pérdida del trabajo ocupa junto a la muerte y el divorcio la posición más alta en el medidor de estrés. Así que no lo pierdas. En lugar de permitir que tus relaciones se deterioren a causa del trabajo, cuida de ellas regularmente para que así tu red de amistades pueda ayudarte a resolver

> tus necesidades y problemas cuando éstos se presenten. Del mismo modo, si acostumbras a cuidarte comiendo bien, haciendo ejercicio y descansando lo suficiente, tu salud será tu aliada y no tu enemiga cuando se avecinen tiempos difíciles en el trabajo.

personales. Ve al gimnasio, alístate en un centro de acogida de animales, apúntate a un curso de cocina, lo que sea. Usar el ámbito de relaciones profesionales para la catarsis te convierte en una carga emocional para los demás, o peor aún, en una persona rara.

Sé preventivo. Si necesitas ayuda para resolver tus problemas acude a un médico, a un consejero, a un pastor/cura/rabino/imán, a un abogado, a un contable, a un mecánico, a un peluquero, a cualquiera que pueda ofrecerte el servicio que necesitas y ayudarte a abordar tus problemas antes de que sea demasiado tarde. No dejes que la cosa empeore hasta el punto de que tu supervisor tenga que llamarte la atención por los cambios que viene observando en tu actitud o en tu productividad. Si eso sucede, los de Recursos Humanos te mandarán a un Programa de Ayuda para Empleados (PAE), lo cual es un servicio de orientación patrocinado por la empresa. Puede que tu jefe te diga que está contento de que recibas la ayuda que necesitas, pero ahora los de Recursos Humanos tienen un historial con tu caso archivado, y si bien en teoría tu jefe no puede usarlo en tu contra se creará la idea de que eres una persona aquejada de problemas. A pesar de que algunos PAEs son estrictamente confidenciales —se dispone de un servicio externo y a la empresa nunca se le notifica cuando un empleado lo está utilizando—, debes estar alerta a la hora de tratar tus temas personales y escoger a quiénes se los confiarás.

UNA HISTORIA REAL

Vic tenía una empresa mediana de electrodomésticos que sufrió un golpe muy duro en la recesión a principios de los noventa, y tomó la decisión de echar mano de los fondos del plan de pensiones para salvar la empresa. Varios empleados renunciaron en esta época y tenían derecho a cobrar los beneficios de sus pensiones, los cuales, por supuesto, no estaban disponibles. Los empleados podrían haberle demandado, pero no lo hicieron, más que nada porque él les dijo que estaba bajo tratamiento por cáncer de próstata y necesitaba más tiempo para solucionar las cosas. Exhibir su tragedia personal en este momento crítico le sirvió para obtener una prórroga, pedir un préstamo, reintegrar el dinero de los fondos de pensiones, salvar su culo y salvar a la empresa. No es ésa la manera habitual de hacer negocios —de hecho es una forma maquiavélica de conseguir que la gente corriente a menudo no se salga con la suya, o mejor dicho nunca—, pero a veces haces lo que tienes que hacer.

Si de verdad estás lidiando con asuntos personales, piensa en el trabajo como un refugio que te protege de todos los problemas ajenos a la vida laboral. Créeme. Cuando todo es frustración en tu vida personal, la estructura y el trabajo metódico del día a día tienen el efecto de una medicina. Si el trabajo es el único aspecto de tu vida que no te está dando problemas, abrázate a él como a un bote salvavidas. Y haz que siga siendo tu máxima prioridad.

▶▶▶ *Guárdate para ti los problemas personales.*
▶▶▶ *No permitas que tus asuntos privados afecten a tu trabajo.*

18. COMPÓRTATE ADECUADAMENTE

Por extraño que parezca, una de las maneras más comunes por las que la gente se mete en problemas es la más fácil de evitar. Cada vez que «cruzas la línea» para intervenir en una acalorada conversación con tus compañeros sobre George Bush o Jesucristo o para incomodar a los demás con tus chistes verdes o tu sarta de groserías o intentando ligar —una vez más— con esa encantadora recepcionista, estás llamando la atención en un sentido negativo. Si añades a esto tu falta de sensibilidad racial, tus insinuaciones sexistas y demás provocaciones desafortunadas, sólo te faltará una queja por acoso para acabar en la cola del paro.

Si eres la clase de personas que regularmente comete este tipo de errores, probablemente no te importe mucho que la gente tenga un mal concepto de ti. «Soy lo que soy», como decía Popeye. Pero en fin, las espinacas no ayudarían en nada a Popeye si en su expediente personal acumulara una serie de infracciones estúpidas y sin sentido.

El trabajo no es el lugar para ejercer el derecho reconocido en la Primera Enmienda a decir lo que te venga en gana y a «ser tú mismo». Es el lugar donde tienes que comportarte. Donde debes mantenerte dentro de los límites del decoro, no traspasarlos. Donde todo lo que les digas a tus compañeros siempre debe ser irreprochable. Donde haces lo imposible por obrar bien y de un modo intachable y evitas a toda costa obrar mal y de un modo censurable. Y por último, es el lugar donde intentas hacer amigos leales, no enemigos mortales.

Las empresas más grandes (y muchas de las pequeñas) tienen un manual para empleados que incluye Procedimientos Operativos Estándar (POE) y un Código de Conducta que

TODO SOBRE LOS ROMANCES DE OFICINA

Si te has detenido a leer este recuadro para saber si está bien tener sexo con un compañero de trabajo, desde ahora mismo te advierto que es probable que no te guste lo que voy a decir. Durante mucho tiempo he sido un alegre defensor de los romances de oficina, en parte porque muchas relaciones que prosperan se originan en el lugar de trabajo. ¿Acaso hay algo que una más a la gente que un trabajo común y corriente? ¿Y qué seduce más que la ambición profesional? Por favor. Con todo el tiempo que compartimos y la proximidad y la química que tenemos, ¿quién necesita una web de encuentros?

Seamos sinceros, parece en vano tratar de impedir la atracción animal y el desenfreno hormonal en los espacios cerrados de una oficina. Pero si tu principal objetivo es proteger tu puesto de trabajo, cuando emprendas una relación romántica o sexual con un compañero deberías hacerlo con suma discreción. Te diré por qué:

Si (o mejor dicho: cuando) tus compañeros descubren que tienes una relación, te conviertes de inmediato en la comidilla de la oficina. Siempre has querido que se comente lo estupendo que es tu trabajo, no con quién te lo estás montando.

Si tu jefe averigua en qué estás metido, es probable que emita un juicio negativo sobre tu falta de juicio, especialmente si ese tipo de camaradería entre empleados está prohibido o mal visto en tu empresa. Con suerte tus superiores se encogerán de hombros y dirán «somos humanos». Si no eres tan afortunado darán por sentado que careces de autocontrol o que te interesa más tu vida sexual que tu trabajo. O peor aún, te arrojarán el manual para empleados por la cabeza y te pondrán de patitas en la calle. En cualquier caso sales peor parado, nunca mejor, de lo que estabas antes de que ellos lo supieran, lo que escasamente servirá para consolidar tu posición cuando tu puesto esté en peligro.

Por último, si la relación se acaba mientras seguís trabajando juntos, esa hostilidad familiar residual hará que sea realmente difícil para ambos hacer bien vuestro trabajo. Será un problema colaborar en el mismo proyecto, compartir amistades profesionales se volverá embarazoso, y si uno de los dos está lo bastante enfadado (aquello de «Ni el infierno contiene la furia de una mujer despechada») todo podría derivar en una hecatombe de un momento a otro.

Todo lo anterior puedes multiplicarlo por cien si tu ligue en la oficina es tu jefe o tu jefa. ¿Qué, te parece sexy? Claro que sí. ¿Lo encuentras excitante? Desde luego. ¿Vale la pena? Tal vez no. A menos que, por supuesto, estés en esa situación por lo general lamentable en la que acostarte con tu superior es lo que te ayuda a conservar tu empleo. Oye, que quede claro que yo no te estoy diciendo que lo hagas. Aunque tampoco te digo que dejes de hacerlo.

Soy un partidario absoluto de la pasión romanticona, y confieso que algunas de las relaciones más románticas que he tenido han sido con compañeras de trabajo. A veces sencillamente no podrás resistirte al amor (ni a la lujuria). Sólo ten muy presente los riesgos que corres. Digamos simplemente que no es el mejor comportamiento posible para blindar tu puesto de trabajo.

Si no hay nada que te impida revolcarte con un hombre o mujer de tu oficina, no lo comentes con nadie. ¡Con nadie! Si tú y tu amiguita mantuvierais en secreto vuestra aventura, entonces podría ser que los demás no terminaran por perjudicaros. Claro que todo depende demasiado de un «si». Y de un «podría».

explica claramente cuál es el comportamiento deseado y todo aquello que está rigurosamente prohibido en el lugar de trabajo. Cuando aceptas un trabajo, normalmente te piden que firmes un impreso certificando que has leído y te comprometes a acatar todo lo expuesto en el POE y el manual para empleados. Estos documentos son como la constitución de tu empresa y reflejan su cultura. Así que si no te gusta lo que ves reflejado allí, no firmes el impreso y no aceptes el trabajo. Y punto. El trabajo no es una democracia.

Y además de todas esas normas puestas por escrito, hay otras tácitas que tienen que ver con la cultura de la empresa y los individuos particulares con los que trabajas. Éstas son del tipo «no bebas en los eventos sociales de la empresa si tu jefe es un abstemio» y otras cosas de sentido común similares.

Mira, estás intentando protegerte a ti mismo. Así que pese a que no debería ni siquiera explicártelo porque supongo que ya lo sabes muy bien, voy a recordarte algunas reglas muy sencillas que pueden ayudarte a salvar tu trabajo:

Mantén cerrada esa bocaza. Evita temas de conversación tales como raza, religión, política, sexo y hasta deporte, todo depende de la ciudad en la que vivas. No hables de famosos o de la gente que sale en programas de televisión ya que a menudo los comentarios dejan traslucir prejuicios desagradables que tú o los demás podríais tener. En este tipo de conversaciones, la gente nos sorprende por su manera de ver las cosas y no precisamente en el buen sentido. No seas el que se escandaliza ni el que escandaliza a los demás.

Y ya que estamos, no te pongas a discutir sobre la paga. Los empleados que comparan sus nóminas son el peor dolor de cabeza para sus jefes. Aunque los salarios sean el tema de conversación más interesante durante el *happy hour* con tus amigos, es un tema odioso para hablar en el trabajo. No lo saques y no intervengas en ninguna discusión sobre ese tema. Y punto.

Procura que tu vocabulario esté a la altura. ¿No sería una auténtica vergüenza descubrir que, mientras te quedas tan ancho haciendo valer tu derecho inalienable a maldecir como te viene en gana, tu fiel supervisor secreto está tomando nota de tus palabrotas? Y considerando que cuando empiecen los re-

PREGÚNTATE

▶ ¿He discutido alguna vez con un compañero sobre algo que no estuviera relacionado con el trabajo?

▶ ¿Alguna vez se ha ofendido alguien por mi lenguaje?

▶ ¿Alguna vez he hecho una broma a expensas de otra persona?

▶ ¿Alguna vez en el trabajo me han llamado gilipollas?

▶ ¿Hay alguien en mi oficina a quien pueda considerar leal?

cortes podrá elegir entre quedarse contigo o con tu compañero de despacho, ese tipo honrado y de vida sana que canturrea el himno, ¿con quién crees que se quedará? Esto también incluye las charlas sobre cualquier cosa que pudiera ser objeto de los tests personales de revistas femeninas o material de los sitios pornos en Internet o un asunto que normalmente se trata en la consulta privada del ginecólogo. Pásate el día entero pensando en esas cosas si eso te hace feliz, pero no las ventiles.

Mantén las manos quietas. Aun si eres de esas personas cálidas y familiares a las que les gusta tocar el brazo de su interlocutor durante una conversación, es mejor que no lo hagas. La gente es sensible y paranoica y le encanta demandar, y lo último que quieres es verte involucrado en un pleito por acoso a causa de un gesto físico de lo más inocente. Nada de frotar hombros, nada de abrazos. Nada de nada. Ni el menor contacto.

Posdata. Las bromas pesadas y el cachondeo también son inapropiados. A nadie le gusta ser el blanco de este tipo de humor, e incluso la mayoría de los que son testigos se sienten incómodos. No te ganas el cariño de nadie torturando a tus compañeros con inocentadas, por muy suaves que sean. Así que deja en casa los vómitos de plástico y los cojines flatulentos.

▶▶▶ **Compórtate.**
▶▶▶ **La circunspección en el trabajo es una virtud.**

19. DISCUTE, NO TE PELEES

En el trabajo nunca falta un fanfarrón que convierta una conversación en una batalla. No seas ése. Ni tampoco te pelees con él.

Una persona que automáticamente muestra tendencia al altercado cuando interactúa con los demás suele ser insegura, agresiva o una voluble combinación de ambas cosas. Los hechos no le importan, lo único que le importa es ganar la discusión, sin reparar en el daño colateral. Si el ambiente de tu oficina es de confrontación o competitividad, esta tendencia se puede ver acentuada e incluso tú puedes descubrir que te estás volviendo una persona conflictiva contra tu propia naturaleza.

Las discusiones resuelven problemas por medio del respeto y la deliberación. No digo que esté mal tener una opinión concreta, puesto que la convicción es algo respetable, pero la verdad es que las peleas suelen ser discusiones a voz en grito en las que se ventilan diferentes opiniones con el propósito de la autojustificación más que el del acuerdo. De modo que para evitar convertirte en el otro, procura ser el que tiene el control sobre el diálogo. De la siguiente manera:

> **UNA HISTORIA REAL**
>
> Una vez trabajé con una persona que discutía mucho, un exaltado llamado Tom. Teníamos el mismo puesto, pero él tenía más antigüedad que yo y era el más experto de todos y tenía un ego descomunal. Casi siempre evitaba mezclarme con este tipo, pero nuestra empresa estaba pasando una mala racha y yo supe que era un buen momento para distinguirme de él como empleado. Sabiendo que se pondría furioso por nada, decidí provocarle lo suficiente y quedarme a contemplar el espectáculo de su mal genio. Todo el mundo tenía los nervios de punta y nadie estaba dispuesto a soportar su actitud brusca y hostil. Y efectivamente, en poco tiempo, a él le despidieron y yo conseguí proteger mi puesto de trabajo. ¿Fui un bribón? Un poquito. Pero no le encasqueté ningún problema que él no tuviera desde mucho tiempo antes.

- Sé cortés. Marca la diferencia en tu comportamiento, utiliza un lenguaje educado y evita la confrontación a través del lenguaje corporal, como alzar el dedo o cruzarte de brazos o ponerte a dar golpes sobre la mesa con el zapato al estilo Kruschev.
- Muéstrate tranquilo. Controla tu genio y mide el tono de voz.
- Primero escucha. Es el modo más eficaz de demostrarle a la otra persona que respetas su punto de vista.
- Sé sincero. Di lo que piensas sin caer en remilgos. Sé directo sin estar a la defensiva.
- Acepta el desacuerdo. Vuelve a exponer el punto en el que haya discrepancia para que ambos lo tengáis claro y os ciñáis a ese tema y evitéis que la conversación degenere en afrentas personales.
- Identifica aquello en lo que ambos estéis de acuerdo,

dicho de otro modo: vuestros intereses comunes. Éste es el camino para alcanzar una solución.
➤ Elabora un plan compartido para resolver vuestras diferencias. Da por terminada la discusión para centrarte en ello y acuerda otro encuentro para retomarla. Si finalmente conseguís resolverlo, genial. En caso contrario, prepárate para estar de acuerdo en el desacuerdo de aquí a la eternidad.

Dicho esto, a veces las discusiones son inevitables y tú tienes que limitarte a tratar los temas en cuestión y largarte. No te conviertas en alguien que discute habitualmente. Eso hará que parezcas una persona enfadada y combativa a la que le da igual llevarse bien con los demás. Si en una discusión tomas el camino más fácil y participas de manera firme y tranquila puedes hacer que vaya sobre ruedas y que sea productiva para todos. Ésa es la señal de alguien que prefiere conservar su empleo a salir victorioso en cada asalto.

▶▶▶ **Transforma tus impulsos belicosos en la energía necesaria para resolver cuestiones.**
▶▶▶ **Mantén la compostura cuando otra persona inicie una discusión.**

20. NO SEAS COTILLA

Si éste fuera otra clase de libro —o yo fuera otra clase de persona— te diría que evites el cotilleo a toda costa. Si el conocimiento es poder, entonces el cotilleo es el matón del barrio. Es

CÓMO LIBRARSE DE LAS HABLADURÍAS

El cotilleo es un vicio que como el tabaco o la bebida te deja resaca cuando te excedes; una vez que se te pasa la excitación te sientes mal del estómago y arrepentido por toda la mala voluntad liberada en el ambiente. Si ya no te soportas y quieres enmendarte, los siguientes consejos te servirán a modo de una terapia de rehabilitación «hágalo usted mismo» especial para cotillas.

▶ Dedica una hora diaria a no compartir ni escuchar cotilleos. Te hará tomar conciencia del predominio de los cotilleos en tu día a día y de lo fácil que es convertirse en la comidilla si no estás al loro. Aumenta la abstinencia a dos horas diarias, luego a tres y así sucesivamente, hasta convertir tu jornada laboral en una zona libre de cotilleos.

▶ Antes de repetir algo que has oído por ahí, reemplaza el nombre de la persona en cuestión por el tuyo. ¿Te alegraría que circulara un rumor semejante acerca de ti mismo?

▶ Aprende a presentar tus excusas cuando te veas en medio de un cotilleo. No tienes que hacerlo como una mojigata; simplemente sonríe, tápate los oídos, di en voz alta «No oigo nada, no oigo nada» y vete. Aléjate de allí.

▶ Y cuando un cotilleo te caiga como llovido del cielo —no pudiste evitar oírlo en el servicio o encontraste algo que alguien se había olvidado en la fotocopiadora—, haz lo correcto. Si hay rumores acerca de una fusión, cambios de personal o recortes que provocan ansiedad o descenso de la productividad, cuéntaselo a tu superior. La dirección se alegrará de que se le notifiquen de antemano a fin de desmentir rumores sin fundamento. Si escuchas rumores falsos acerca de un compañero de trabajo, adviértele a

> fin de darle la oportunidad de hacerles frente. Y si te enteras que el tema de los cotilleos eres tú, enfréntate directamente con la fuente de la primicia. Normalmente los cotillas no se vuelven a meter con la misma persona una vez que han recibido un toque de atención.

el gamberro que espera para echársete encima en un callejón oscuro. Se basa en el miedo y es oportunista, y nunca conduce a nada bueno. Genera una falsa imagen dañina, confusión, conflicto y dolor; erosiona la confianza y la moral; y por si fuera poco nos hace malgastar el tiempo.

Pero seamos realistas. El cotilleo es al mismo tiempo jugoso y excitante e irresistible. Estar enterados —sobre todo en el trabajo— nos hace gozar de una superioridad en la que es difícil hacer mella. Para ser más concreto, gran parte de la información que cae del cielo puede serte útil. Normalmente los chismes acerca de los puestos, las ventas, las fusiones y adquisiciones contienen una pizca de verdad y deberían ponerte en situación de alerta. El truco de blindaje en este caso es enterarse del cotilleo pero sin ser un cotilla. Y lo que te convierte en un cotilla no es saberlo, sino repetirlo.

El cotilla oficial no es respetado ni admirado por nadie; ni por sus compañeros ni por su jefe. Cada vez que te pones a chismorrear dejas ver que careces de discreción y que sencillamente no se puede confiar en ti: no es la mejor manera de defender tu puesto.

Además que el cotilleo es un arma de doble filo. Lo que se te olvida es que tanto un extremo como el otro son igual de peligrosos. Desde el preciso instante en que ventilas los trapos de otra persona, un blanco aparece sobre tu espalda. Eso tampoco es muy inteligente que digamos.

ME LO CONTÓ UN PAJARITO, UNO MUY ENVIDIOSO

Según un sondeo de 2007 realizado por Harris Interactive Poll, el sesenta por ciento de los encuestados creen que el cotilleo es el aspecto más desagradable de su vida laboral. ¿Por qué nos prestamos a ello? La revista *Psychology Today* define el cotilleo como una «colmena de comunicación» que los humanos utilizan para hacer contactos, influir sobre los demás y forjar alianzas sociales. Lo que sólo es cierto hasta que empieza a mandar nuestro lado oscuro, momento en el que descubrimos que estamos en un nido de avispones, donde nos dedicamos a cotillear porque carecemos de una autoconciencia sana, porque nos sentimos inseguros y porque sentimos envidia de los demás. Por lo visto la evolución no aporta mejorías en ese sentido. Puesto que estamos determinados para sobrevivir y realizarnos, instintivamente usamos el lenguaje y nuestro radar estratégico natural a fin de conseguir todo lo que sea ventajoso para nosotros a costa de los demás.

Así que no seas el cotilla oficial; hazte amigo del cotilla oficial. Porque, como dije antes, el conocimiento es poder y la información que recojas por medio de chismorreos puede proveerte de esa pizca extra de poder que necesitas para tomar la delantera. La clave está en absorber la información sin divulgarla, dar la impresión de que estás por encima de todo eso aunque estés archivando hasta el último detalle para consultarlo en el futuro y usarlo, en caso de ser necesario, para blindar tu puesto de trabajo. Un ejemplo: una vez un amigo mío oyó el rumor de que habían comprado su empresa y vino a preguntarme qué debía hacer. Yo le dije que hiciera cualquier cosa menos irse de vacaciones. Si algo pasa tienes que estar allí para defender tu puesto. Como era de esperar, resultó que el rumor era cierto, y él estaba al pie del cañón preparado y capacitado para proteger su empleo.

Nadie es inmune a los cotilleos, pero estar al corriente puede protegerte de ser la víctima.

Los jefes hacen creer que odian el cotilleo, pero en realidad les encanta. O por lo menos cuentan con ello. La mayoría de los jefazos y muchos de los directores ejecutivos ejercen su poder con la ayuda de los cotilleos. Lo sabe todo el mundo, pero nadie dirá que la moral de las tropas se mide metiéndole un termómetro en el culo al cotilla oficial. De modo que es de suma importancia para el jefe a fin de supervisar el estado de ánimo y la cultura empresarial de su compañía. Pero deja que me explique bien. No tienes que ser la persona a la que le meten el termómetro por el culo, pero sí saber muy bien quién es esa persona. Mantén con ella una relación estrecha en privado, pero en público, en fin, haz como si no la conocieras demasiado.

Y cuando te encuentres en posesión de una información caliente y jugosa acerca de algo o alguien y te mueras de ganas de compartirla con un compañero de trabajo, no lo hagas. Guárdala en la caja fuerte. Archívala. Niégate a hablar de ello. Simplemente di no.

▶▶▶ *Entérate de los cotilleos pero nunca los divulgues.*
▶▶▶ *Sé prudente en el uso que les das a los rumores.*

21. ENTÉRATE DE LAS INTRIGAS

Cualquier empresa que afirme no darles cabida a las intrigas de oficina se engaña a sí misma, y sólo los empleados estúpidos se lo creen. En todo ambiente laboral hay maniobras, y es importante que tú las conozcas bien y que recuerdes que varían constantemente. Las intrigas existen en las cadenas de montaje, en los pequeños comercios, en los hospitales y en los institutos. Lo que no existe es la posibilidad de estar por encima de ellas. Tanto si participas de forma activa como si no, son para ti una amenaza, más aún si se están reduciendo puestos de trabajo. La gente que dice «estar muy por encima» de esas cosas es como la gente que te dice que se niega a tener un teléfono móvil. Hay en ello una superioridad moral más bien barata.

Dicho esto, las intrigas, al igual que los cotilleos, están presentes en todas partes, y así como no quieres que te tomen por el cotilla oficial tampoco quieras que te tomen por un manipulador. Tratar de ignorar esos trapicheos no es una estrategia de blindaje muy hábil. Las intrigas de oficina son la expresión de la ambición y la disputa por tomar la delantera que forman parte de la cultura laboral. Pero con respecto a los empleados que dedican más tiempo a remover el polvo —saboteando a gente que no les cae bien, o socavando a aquellos que se interponen en su camino— que a hacer bien su trabajo, casi nunca se considera que valen la pena cuando llega el momento de empezar con los despidos.

Además, a menos que se te den bien, o mejor dicho muy bien los chanchullos de oficina nunca deberías intentar llevarlos a cabo. Las personas corrientes carecen de la maestría maquiavélica necesaria para beneficiarse de los tejemanejes. Pero por más que no quieras llamar la atención como ese que está metido hasta el cuello en todas las estratagemas y maniobras mezquinas, siempre te conviene saber qué está pasando y qué se está cociendo para seguir la estela de los acontecimientos que podrían asegurarte un ascenso. Piensa que eres un espectador activo, uno que sintoniza la acción, astuto en su manera de comportarse, pero por lo demás muy atento a sus propios intereses. La mejor manera de volar por debajo del radar es esmerarse en saberlo todo sin que la gente sepa que lo sabes.

En cada oficina las intrigas tienen una dinámica diferente; eso depende tanto de las personalidades como de los objetivos en el plano personal y profesional que persigas tú, tus compañeros de oficina, el gerente y todos los que se encuentren por encima hasta llegar al director ejecutivo de la empresa. Puede materializarse en una guerra cruel y sin cuartel (¿alguien recuerda el caso de Hewlett-Packard?) o en una amistosa partida de póquer. En ambos casos deberías preocuparte por saber de qué lado sopla el viento y permanecer fuera del fuego cruzado. Te diré cómo:

- Sé franco y claro respecto a tu objetivo. Fíjate un objetivo, pero no seas tan ambiguo respecto a eso hasta el extremo de que la gente tenga que adivinar tus intenciones. No quieres que tus colegas —o peor aún, tu jefe— se pregunten si te propones desplazarlos de sus puestos. En cualquier caso, no seas chivato.
- No te alíes con un bando ni con el otro. Escucha a ambos y saca tus propias conclusiones, pero no tomes partido en público.
- No te dejes atraer por los intentos de unos destinados a ponerte en contra de los otros. Mantén todo el tiempo una posición neutral. Para tus compañeros eres Suiza.
- No vayas pisando cabezas. Esto siempre huele a maniobra para abrirse camino y si te pillan quedas en evidencia.

Todo esto te ayudará de dos maneras. Si las cosas se ponen feas, como sucedió en el tiroteo en el O.K. Corral, no te cogerán con los malos ni te castigarán por estar relacionado con ellos. Al mismo tiempo estarás en una buena posición para dejar que el éxito en las intrigas de los otros te salpique un poco. En ese caso la proximidad lo es todo, así que si no estás atento y te pierdes todo el tiroteo, en fin, alégrate de no haber salido herido. Pero si te mantienes despierto puedes beneficiarte de la marea cambiante de la política, incluyendo un posible cambio de régimen. Si alguien se va como consecuencia de una mala gestión política, por ejemplo, tú ya puedes sugerir tu disponibilidad e interés para ocupar el cargo. ¡Impecable!

- ▶▶▶ **Entérate de las intrigas en tu oficina, pero no participes en ellas.**
- ▶▶▶ **Entérate de las alianzas internas y las discordias entre tus jefes y compañeros, pero no te pongas de parte de nadie.**

22. SÉ POSITIVO

Hay toda una serie de razones para decidir ser positivo en lugar de ser negativo, entre ellas que por lo general te hace la vida mucho más agradable. Pero vamos a lo que lo convierte en una parte importante de tu estrategia para blindar tu puesto de trabajo. En resumidas cuentas, con las personas positivas es fácil trabajar y con las negativas no. Y las personas po-

EL PODER DE SER POSITIVO

Una persona positiva piensa en estos términos: yo puedo, yo soy capaz, lo haré. Y por lo general ese tipo de pensamiento da buenos resultados. Una persona positiva es siempre más productiva que una persona negativa, y no creas que tu jefe no lo nota.

El pensamiento positivo tiene una influencia sobre los demás. Aumenta la moral de grupo, fortalece el equipo, mejora la productividad, lo que a su vez reduce el movimiento de personal, el ausentismo crónico y la holgazanería general. Si consigues que te vean como la fuente de este tipo de influencia, no sólo estarás a salvo, también considerarán que tienes madera de líder. ¡Hola, ascenso!

El pensamiento positivo es motor de cambio. O al menos prepara el terreno para los cambios, a los que la mayoría de las personas se resisten encarnizadamente cuando tienen que arreglárselas solas. El entusiasmo, la colaboración y el apoyo mutuo que nace de la influencia positiva de una sola persona en el ámbito de trabajo puede marcar la diferencia entre una cultura de empleados que contribuyen de buena gana a un cambio necesario y aquellos que combaten y sabotean el cambio, lo que a su vez marca la diferencia entre una empresa que triunfa y otra que fracasa en tiempos difíciles. Si tu empresa sigue prosperando a pesar de una economía complicada, ¿quién crees que se revelará como un superhéroe?

Hasta una persona terriblemente negativa cederá finalmente a la fuerza del pensamiento positivo. Esto no significa que puedas salvarla y hacer que se convierta milagrosamente en el jefe positivo y comprensivo que siempre has soñado; sólo significa que puedes neutralizar algunos o todos sus impactos negativos con sólo ejercer una presión positiva sobre él y los demás en cada interacción o comunicación. Será bueno para ti, bueno para tu empresa, y, le guste o no, también será bueno para él.

sitivas e inteligentes están entre las más valoradas dentro del entorno laboral. Los que se quedan, vamos.

Tú reconoces a la gente positiva por naturaleza —la gente sonriente que siempre ve el vaso medio lleno—, especialmente en contraste con la gente negativa, los desanimados, los pesimistas, los que ni siquiera necesitan mirar el vaso para decirte que está vacío, ya sabes.

¿Qué es exactamente una actitud positiva? Es una combinación de expresiones apropiadas de emoción (sonrisas y otras manifestaciones agradables del lenguaje corporal en lugar de ceños fruncidos, gruñidos y un fastidio evidente, por dar un ejemplo); una expresión ininterrumpida de un estado de ánimo alegre en oposición a otro que es avinagrado y destructivo; y tu predisposición, la cual ofrece una perspectiva optimista y esperanzadora frente a una expectativa cínica o pesimista. Si pudieran elegir, ¿a quién crees que preferirían tus compañeros? ¿Y tu jefe? ¿Y tus clientes o consumidores? Por eso una actitud positiva vale oro cuando se trata de blindar tu puesto de trabajo.

Tengo buenas noticias: a diferencia de lo que ocurre con tu estatura y con tu familia de locos, tienes un control significativo sobre tu actitud. Puedes elegir ser positivo —y provocar toda una serie de impactos positivos— simplemente identificando tu visión del mundo y tus costumbres y cambiándolas a conciencia y de manera positiva. O puedes pasar por alto todo eso (es lo que yo me inclino a hacer: me llevaría toda una vida cambiar el rumbo de ese barco) y perfeccionarte en el arte de actuar positivamente.

Todo lo que tienes que hacer es sonreír. Muchos gerentes me han confesado haber despedido a algunos empleados porque nunca sonreían. Parece que los jefes se ofenden si no les sonríen. Así que si tienes medio cerebro sonreirás todo el tiempo, te guste o no. Eso es, finge. ☺

UNA HISTORIA REAL

A Bobbie, una diseñadora gráfica que trabajaba para una agencia grande, le dijeron durante una evaluación de rendimiento que debido a que tenía una actitud negativa algunas personas se negaban a trabajar con ella. Al oírlo se sobresaltó, pues no sintió la menor idea de que la veían de ese modo y de pronto se sintió gravemente preocupada por su trabajo. Motivada para revertir esta situación le pidió a su compañero de muchos años una valoración sincera sobre su actitud así como algunas opiniones específicas acerca de su comportamiento que pudieran ayudarla a cambiar. ¿Cuál fue la respuesta que más la impresionó? «En cada reunión creativa te sientas de brazos cruzados y con los labios fruncidos, y lo único que siempre tienes para aportar son motivos por los que, según tú, las ideas de los otros no van a funcionar.»

El hecho es que Bobbie elaboró un plan sencillo para modificar su comportamiento, empezando por su lenguaje corporal. En la próxima reunión para discutir la campaña de un nuevo producto, ella hizo un esfuerzo por no cruzarse de brazos y adoptar una expresión intencionadamente relajada y agradable. Y en lugar de criticar a sus colegas, empezó a plantear preguntas y sugerencias sencillas y provechosas (se privó de hacer de abogada del diablo, su papel de toda la vida) que ayudaron al equipo a perfeccionar sus propias ideas. Bobbie siguió esmerándose en hacer de esta actitud una costumbre, y pronto sus compañeros empezaron a acercarse a ella para pedirle consejos y opiniones acerca de su trabajo. En cuestión de meses ella pasó de ser una plaga odiosa a ser una influencia querida y valiosa para todos. ¿Qué ganó con dejar de ser la sabelotodo negativa y convertirse en la persona humilde y positiva? Que una vez curada de sus resoplidos supo que sus compañeros se habían estado burlando de ella a sus espaldas durante años.

¿Eres de esos que acostumbran a ir con el ceño fruncido? Practica técnicas de relajación facial y haz el esfuerzo de sonreír a cada persona con la que hables. ¿Llegas al trabajo todos los días con una resaca melancólica a causa de esa separación de la que aún no te recuperas? Imagina que pasas de página y te adentras en un fututo luminoso y lleno de esperanzas, practícalo cada vez que cruces la puerta de la oficina. Si todo esto te parece demasiado, simplemente finge una sonrisa. Cualquiera de estos métodos funcionará. Y procura esperar los mejores resultados posibles de cada proyecto a corto y largo plazo. En caso contrario, ya lo sabes, sonríe.

▶▶▶ *Demuestra una actitud positiva tanto en tu trabajo como en tus relaciones laborales.*
▶▶▶ *Sonríe, sonríe, sonríe.*

PREGÚNTATE

▶ ¿Normalmente espero resultados positivos?

▶ ¿Reconozco el mérito de mis logros?

▶ ¿Acostumbro a fiarme de las intenciones ajenas?

▶ ¿Felicito a los demás cuando las cosas salen bien?

▶ ¿Los demás vienen a verme para que les anime o les motive?

23. SÉ RESPONSABLE

Ésta es fácil: haz lo que has dicho que harás. Siempre.

Si le prometes a alguien que tendrás el informe listo a las tres en punto, entrégaselo a las tres menos cinco y tómate cinco minutos para fumarte un cigarrillo en el lavabo. Lo del cigarrillo era una broma. Pero lo de entregar el informe a tiempo no: hazlo siempre.

La responsabilidad es la esencia de la confianza, un bien tangible crucial en el ámbito de trabajo. Tanto tu jefe como tus compañeros necesitan estar absoluta y positivamente seguros de que cumplirás con lo prometido. Lleva tiempo ganarse esa confianza —mucho tiempo haciendo exactamente lo que dijiste que ibas a hacer—, pero basta con que falles una sola vez para que el responsabilímetro vuelva a cero. En un instante decepcionante dejas de ser un recurso indispensable y te trasformas en un extraño poco fiable. Así que no digas que harás algo o que irás a un sitio, ni ninguna otra cosa que no puedas llevar a cabo con éxito. Sencillamente porque hay mucho en juego: tu puesto de trabajo.

Esto no significa que debes evitar comprometerte para luego no tener que faltar a tu palabra. Eso te convertiría en alguien muy ocupado, y aunque puede que tu sufrida pareja te lo consienta no cuentes con que también lo harán tu jefe y tus compañeros.

Ser responsable consiste en llegar puntual al trabajo, no escaquearse con excusas pobres, no perderse las reuniones, cumplir con los plazos y darle a la gente lo que nos pide sin demoras. Una vez que la gente sepa que puede contar con que atenderás estas obligaciones básicas, te asignarán mayores responsabilidades y subirá tu valor dentro de la empresa.

> **PARA QUE LO SEPAS**
>
> Ser un pelota que dice sí a todo no te convierte en una persona responsable. Algunos tienen la patética costumbre de decir sí indiscriminadamente para caerle bien a todo el mundo. Por desgracia, eso también les lleva a decepcionar a todos. Más vale decir: «Vaya, me encantaría ayudarte con tu proyecto, pero hoy no creo que pueda ponerme con ello», que decir: «¡Claro que sí!», y luego no ayudar, dejarles cargando con el muerto en una mano y un hacha afilada para pulverizarte en la otra. Tu deber con tu jefe y tus compañeros es ser honesto respecto a lo que puedes hacer y lo que no. Y si el tiempo no te alcanza, ¿adivina qué? O no estás trabajando lo suficiente o el trabajo te supera. En cualquiera de los dos casos tienes problemas. Ser realista contigo y con los demás acerca de lo que puedes llevar a cabo es tan importante como llevarlo a cabo.

Pero la responsabilidad es un símbolo de compromiso absoluto. Es todo o nada, de modo que ser responsable en un noventa y nueve por ciento no es suficiente. Si eres irresponsable, la gente evitará trabajar contigo porque pones en peligro su propia reputación. En lugar de eso se dirigirán a otros en quienes puedan confiar y se quejarán a tu jefe de lo poco fiable que eres, en cuyo caso puedes empezar a contar los días que te quedan para buscar otro trabajo.

A excepción de la trágica pérdida de un ser querido, no hay excusas que valgan para no cumplir con el plazo señalado o incumplir una entrega. Y presentar excusas es pasar la pelota de la peor manera posible. No existen las circunstancias atenuantes.

▶▶▶ *Asegúrate de que tu jefe y tus compañeros sepan que pueden contar contigo.*
▶▶▶ *Haz de la responsabilidad un rasgo característico.*

24. SÉ FLEXIBLE

A muchos de nosotros nos gustaría que nuestro ambiente de trabajo fuera más flexible y se acomodara a nuestros intereses y obligaciones fuera del trabajo. Bien, déjame que te diga una cosa: si te preocupa mínimamente la seguridad de tu empleo, deberías estar pensando en cómo hacerle la vida más fácil a tu empleador siendo tú flexible, y no al revés. Lo sé, lo sé, alguna madre viuda y sindicalista vendrá a buscarme por hablar así. Pero lo cierto es que ser un empleado flexible y adaptable en lugar de uno inflexible y demandante puede ser decisivo para salvar tu puesto cuando las cosas se compliquen.

Los empleados flexibles —los que mantienen una buena actitud durante los tiempos de cambios, los que se dejan llevar y no nadan contra la corriente, los que alegremente se ofrecen a llenar los huecos y arrimar el hombro las veces que haga falta— son la gente que suele sobrevivir a los despidos.

Ser flexible es muy simple. Se trata de ser amable, esforzarse al máximo y cooperar. Ser flexible no significa ser un pringado, significa ser una buena persona, un empleado valioso y versátil. Consiste en ser una parte activa de la solución a los problemas. Consiste en no empecinarte cuando lo que tu jefe más necesita de ti es que te muestres dispuesto y abierto a los cambios. Recuerda: tu jefe, al igual que el cliente, siempre tiene la razón. ¿Te convierte esto en un esclavo? Quizá. Lo cierto es que los esclavos siempre conservan su puesto de trabajo.

Prepárate para el cambio. En una economía inestable o en un sector emergente, el cambio es la norma. Así que prepárate para el cambio. Tienes que abordar tu trabajo comprendiendo y aceptando la necesidad de cambios, y así desarrolla-

UNA HISTORIA REAL

Jim trabajaba en el departamento de Marketing de una empresa *online* de productos para animales que estaba muy en boga antes de que estallara la burbuja de las puntocom y que después de eso sobrevivió por los pelos durante varios años más. Mientras el personal se iba reduciendo a su alrededor con cada ola de despidos, Jim se asomaba a los nuevos desafíos de cada día, manteniendo una actitud dinámica incluso cuando se le pedía que asumiera más responsabilidades, muchas de las cuales no había tenido antes. Un día elaboraba estrategias de marketing. Al día siguiente acompañaba a su jefe a visitar clientes. Otro día ayudaba a la gente de pedidos a hacer el inventario del almacén. Cuando la empresa finalmente se enderezó, salvándose por poco de la bancarrota, Jim era uno de los últimos empleados que aún quedaban en pie. Por estar a la altura de las circunstancias y saber desenvolverse en una situación difícil que cambiaba cada día, no sólo se quedó con su puesto de trabajo sino también con una participación financiera y afectiva en la compañía que él mismo ayudó a mantenerse a flote.

rás el equilibrio que te permitirá medrar en esas condiciones. La capacidad de acomodarse a los cambios no depende sólo del estado de ánimo; es una aptitud que tu jefe sabrá apreciar. Así que en lugar de endurecer tu posición y oponerte a una situación nueva, difícil o desagradable, abandona tus ideas preconcebidas y espera a ver hacia dónde te lleva esa situación. Mantén la mente abierta.

Piensa en tu experiencia laboral como un viaje en el que puedes seguir rutas alternativas muy interesantes. Imaginemos que eres un jefe de ventas en un comercio minorista y tu jefe te pide que le ayudes a crear el catálogo de temporada. «¡Pero bueno, si nunca he hecho algo así! ¡No tengo ni idea! ¡Ése no es mi trabajo!» Para de llorar y hazlo. Uno: demuestra que eres flexible. Dos: demuestra que estás dispuesto a aprender.

Sé flexible ya que así crearás nuevas oportunidades para ti mismo. Y porque puede que no haya un atributo más valioso que la flexibilidad cuando el cambio es una constante.

- ▶▶▶ **Demuestra que estás abierto al cambio.**
- ▶▶▶ **Prueba que eres de gran valor durante un proceso de cambio.**

25. ANIMA A LOS DEMÁS

Hubo un tiempo en que tu madre y tu entrenador y tu mejor amigo y tu jefe sabían exactamente cuáles eran las palabras que debían pronunciar para darte ánimo y ayudar a que te sintieras a gusto contigo mismo y hacer que quisieras seguir adelante, mejorar y llevar a cabo grandes logros. Eso se acabó.

Ahora la gente paga dinero en metálico a «preparadores personales» para que le digan que lo está haciendo muy bien y le ayude a organizar sus armarios. Fuera de eso, cada cual se las tiene que arreglar solo. Puede que ésa sea la razón de que la industria de los libros de autoayuda prospere continuamente (pero ése es otro tema).

El hecho es que animar a los demás es fácil. Basta con una simple palmadita en la espalda, o con una demostración de buena voluntad que no le cuesta nada al que la ofrece y beneficia inconmensurablemente a quien la recibe. Un estudio reciente demuestra que para la mayoría de la gente el elogio es

PARA QUE LO SEPAS

He aquí mi arma secreta: dile a la gente que lo está haciendo bien aunque lo esté haciendo mal. O mejor dicho, especialmente cuando lo esté haciendo mal. Ellos recibirán unas palabras amables y tú seguirás ganando posiciones en la competición que disputas con tus compañeros por conservar vuestros empleos. Sé amable, pero listo.

un estímulo psicológico tan grande como el dinero. Así que cuando un compañero o un subordinado o incluso tu jefe estén haciendo un buen trabajo, díselo. Es un atributo de la vieja escuela que podría convertirte en un héroe de la nueva escuela en el trabajo. Apúntatelo.

Cuando animas a los demás se produce un efecto dominó maravilloso. Reconocer el trabajo o el logro de otra persona provoca una reacción en cadena de un reforzamiento positivo. Sentirse apreciada aumenta su sensación de bienestar, la cual luego transmite a otras personas. Lo mejor de esto es que funciona con cualquiera; con tu ayudante, tu compañero de equipo, tu jefe y también con el director ejecutivo. Tengo una amiga que una vez se le acercó a la estrella de béisbol de los Yankees, Bernie William, al principio de su carrera y le dijo: «Estás haciendo un trabajo excelente y creo que vas a ser una leyenda de los Yankees.» Aunque te cueste imaginar que necesitaba una palmadita en la espalda, el jugador respondió: «Gracias, significa mucho para mí», modesto y visiblemente afectado por esas palabras elogiosas. El caso es que todo el mundo necesita que le animen.

Animar a los demás tan sólo requiere un sencillo cambio en tu manera de desenvolverte a diario. Todo lo que tienes que hacer es prestar atención. Eso es todo. Deja de pensar en ti mismo para variar y muestra interés por la gente con la que trabajas. Reconoce sus esfuerzos. Cuando una persona realice una presentación excelente o supere con creces sus objetivos de ventas o escriba un informe sensacional, díselo en esas palabras. Y si puedes elógiala delante de todo el grupo, o envíale un correo electrónico con copia para sus jefes y todos sus compañeros. Esto multiplica el valor del aliento que recibe esa persona y te hace quedar a ti como una persona positiva que brinda su apoyo e influye anímicamente sobre los demás.

Para algunas personas escuchar de vez en cuando un «¡Bien hecho!» o «¡Buen trabajo!» es determinante para no darse por vencidas y meterse de lleno a ello. Así que no seas tacaño con tus halagos. Demuestra tu interés haciendo preguntas. Ve más allá y pide asesoramiento. «¿Puedes enseñarme cómo introdujiste ese vídeo en tu Powerpoint?» Nada resulta más halagador y motivador que tratar a alguien como si fuera un experto.

PREGÚNTATE

- ¿La gente me ve como una persona que anima a los demás, que no les hace ni caso, o que les desanima?

- ¿Cuándo fue la última vez que elogié a alguien en el trabajo (y que no fuera por aquellas botas nuevas alucinantes Sigerson Morrison)?

- ¿Alguna vez he notado que alguien estaba necesitando que le levantaran el ánimo? ¿Hice algo al respecto?

- ¿Alguna vez he sorprendido a alguien con un halago?

- ¿Qué clase de aliciente me da fuerzas?

Cuando presentes a alguien, dale un poco de bombo. «Éste es Bill, trabaja como técnico en nuestro equipo, es el genio del que te hablé.» Y si la situación es apropiada haz llegar tus halagos acerca de alguien a oídos de su jefe.

Encuentra la manera de ofrecer aprecio, reconocimiento y motivación siempre que puedas. La aprobación del esfuerzo beneficioso de los demás crea buenas relaciones y energía positiva y fortalece el grupo. A su vez eso te hace quedar como un jugador de equipo y un líder, una ventaja valiosísima en cualquier ambiente laboral.

▶▶▶ **Sé generoso con tus cumplidos.**

26. COMPARTE LOS MÉRITOS

La mejor manera de ganarte todo el reconocimiento que crees merecer por tu trabajo es renunciar a él. Podría parecer un poco arriesgado en un período de economía incierta y cambiante. Puede que incluso te veas tentado, más que de costumbre, de anunciar tus méritos a bombo y platillo por miedo a que nadie valore o tome nota del buen trabajo que has realizado. Pero lo cierto es que en tiempos difíciles es aún más importante compartir los méritos con tus compañeros, ya que de este modo demuestras a los directivos que tienes clase, que juegas en equipo y que no velas únicamente por tus intereses.

Incluso si eres el principal responsable del éxito de un proyecto, al tomar la iniciativa de reconocer el mérito de tus compañeros por su apoyo y esfuerzo recogerás todos los frutos del éxito de tu trabajo, además de un pequeño mérito adicional a ojos de tus superiores por demostrar que eres una persona modesta y generosa. Compartir la gloria de un trabajo bien hecho —en lugar de ser demasiado preciso con respecto a quién hizo qué— favorece las buenas relaciones y la estima entre los colegas de un grupo. Un plus añadido es que tus compañeros estarán motivados para seguir trabajando contigo, puesto que has reconocido el valor de su contribución y compartido públicamente los méritos con ellos.

Cuando asumas la tarea de difundir un logro tuyo en re-

MANERAS INTELIGENTES DE ANUNCIAR LOS MÉRITOS

- ▶ Dilo personalmente. Un sincero agradecimiento a todos los compañeros que contribuyeron al éxito del proyecto siempre es bien recibido y recordado.

- ▶ Dilo en público. Darle todo tu respaldo a tu equipo en el momento oportuno durante una reunión de empresa crea una impresión favorable de ellos y de ti mismo.

- ▶ Dilo por escrito. Si el momento es propicio, envía una circular a tu jefe en la que reconozcas los méritos de tu equipo. Ventas, cumplimiento del calendario de trabajo y logros presupuestarios. Envía un correo electrónico para destacar los esfuerzos sobresalientes de una o dos personas en particular.

- ▶ Dilo para ti mismo, y dilo en serio. Si no estás realmente convencido de que tus compañeros se merecen compartir los méritos contigo, nadie va a creerte una palabra cuando lo anuncies. No puedes fingir ser generoso con los méritos.

> **PARA QUE LO SEPAS**
>
> Lo contrario de compartir los méritos es compartir la culpa. Si bien deberías compartir los méritos en cualquier ocasión, casi nunca deberías compartir la culpa. Asume la responsabilidad de tus propios errores y habla en nombre del grupo —si fuera necesario— cuando surjan problemas. Pero nunca culpes a otra persona en público o en privado. Y si cuando algo sale mal tu jefe te pone en el aprieto de tener que explicarle quién hizo qué, vete con cuidado. Sé moderado y práctico en tu forma de hablar, y sé preciso solamente en caso de que sea absolutamente necesario. Limítate a defender vagamente a la parte involucrada y luego mantén la boca cerrada. Los inculpadores están tan mal considerados como los acaparadores de méritos.

presentación del grupo, destaca tu participación predominante en ese logro sin que parezca que quieres llevarte todos los aplausos. A nadie le gusta un acaparador de méritos, por más que merezca la mayor parte del reconocimiento.

Compartir los méritos es una de las pocas cosas que defiendo simplemente porque creo que es lo correcto. Es inteligente, es elegante y, siempre, siempre merece la pena.

▶▶▶ **Cultiva una buena reputación compartiendo los méritos de tu trabajo.**

▶▶▶ *Sé sincero cuando reconozcas el mérito de los demás.*

27. MANTÉN LA CALMA

Echa un vistazo a los clasificados. Para una amplia variedad de puestos de trabajo, ya sea de dependienta, enfermera diplomada, contador tributario, analista de sistema, especialistas en gestión de riesgos o manicura, es indispensable que el candidato sea capaz de permanecer tranquilo y comportarse con profesionalidad en situaciones de emergencia, estrés o ajetreo laboral. Entre los requisitos para estos empleos figuran «una personalidad tranquila»; la capacidad de mantener «la calma, la serenidad y el control sobre uno mismo» durante una crisis; «hacer frente a situaciones estresantes con tranquilidad y profesionalismo»; tener respuestas «serenas y tranquilizadoras» para con los clientes o usuarios que se sienten agobiados o inquietos; y ser capaz de comunicarse de «manera clara y tranquila».

¿Por qué se la considera una aptitud tan valiosa? Porque en muchos casos la gente enloquece bajo la presión haciendo que un problema ya difícil empeore, puesto que no pueden evitar perder la cabeza. Eso mismo tiende a provocar una reacción colectiva, el tipo de huida en busca de la salida cuando alguien grita «¡Fuego!» en la sala de un cine. Muy bonito.

Permanecer tranquilo no es más que lo que sugiere la idea. Digamos que puedes demostrar que posees esa capacidad cuando tu jefe y tus compañeros más lo necesitan. Un ejemplo: supongamos que te enteras que un miembro de tu equipo ha incumplido su parte de escribir un informe que debería presentarse mañana mismo a tu jefe. Con total tranquilidad te pones a trabajar en el informe, sabiendo que probablemente te llevará toda la noche. Mientras tanto el tipo de la mesa de al lado da vueltas como un majadero, presa del pánico y al borde de la asfixia, consiguiendo que un ambiente estresante de por sí empeore gracias a su dramatismo. Hummm... ¿Cuál de vosotros crees que se hará acreedor a la carta de despido?

Alguna gente es tranquila por naturaleza. El resto podemos aprender a parecer tranquilos, lo que en definitiva es lo único que importa. ¿Qué pasa si hay un tornado de ansiedad agitándose en tu interior mientras exhibes un rostro tranquilo? Si se te presenta la ocasión de convertir una situación colectiva desesperada en la oportunidad de hacer ver que eres un bote salvavidas sereno y estable, aprovéchala. Te diré cómo:

➤ Identifica la causa del estrés. ¿Tu equipo acaba de perder el cliente más importante? ¿Alguien la pifió en una gran presentación? ¿Habéis oído un rumor acerca de una reestructuración en vuestro departamento? Piensa en qué medida puedes controlar lo que ha ocurrido o podría ocurrir. El noventa y nueve por ciento de las veces te encontrarás con que no tienes ningún control sobre situaciones de este tipo, de modo que dedícate por un momento a aceptar los hechos a fin de poder tomar distancia de la causa que origina el estrés.

➤ Crea tu propio ritual de reacción. Cuando el estrés esté alcanzando cotas de locura a tu alrededor, pon en práctica una técnica de relajación que te ayude a controlarte. En primer lugar, respira. Aspira despacio por la nariz, luego suelta el aire lentamente por la boca. Sigue respirando así hasta tranquilizarte. Eso te ayudará a sacudirte la parálisis que puede causar una verdadera crisis. Sal de la oficina, vete a dar un paseo, tómate unos minutos para aclarar tus ideas.

➤ Ahora ya puedes pensar en lo que puedes hacer para apaciguar el estrés. Tu jefe lo agradecerá por el simple hecho de no contribuir al caos. Y si eres capaz de improvisar en medio de una crisis —ya sabes, como una de esas personas que, en el cine, en medio de una escena catastrófica permanecen lo bastante tranquilas para idear un plan que ponga a los demás a salvo—, tu jefe podría recompensarte poniendo a salvo tu empleo.

Parte de lo necesario para permanecer tranquilo, por tu bien y el de los demás, es poseer hechos concretos cuando la gente empieza a alterarse por rumores o informaciones erróneas, algo que ocurre a menudo durante las crisis. Si no tienes información de primera mano sobre los hechos, no empeores las cosas perpetuando los rumores.

Escucha en tu cabeza la voz del presentador del telediario de la noche. Si esa gente tiene ese trabajo es más por su calmoso comportamiento que por su capacidad periodística. No alteres la voz ni la levantes, y la gente que te rodea seguirá tu ejemplo. Permanecer concentrado en una tarea en ese momento también tendrá un efecto tranquilizador sobre los demás. La mayoría de las tácticas anteriores para «ACTUAR CON TRANQUILIDAD» también pueden servirte a fin de ser el comandante de la calma en caso de apuro. No te pelees (táctica n.º 19), no seas cotilla (táctica n.º 20) y sé positivo (táctica n.º 22). Cuando tú y tus compañeros hayáis sobrevivido a una situación difícil, ellos recordarán quién evitó que zozobrara la nave. Tú.

Por último, procura parecer tranquilo. Si eres neurótico, nervioso, inseguro o un desastre de persona, no lo demuestres. No puedes cambiar tu forma de ser, pero sí puedes cambiar tu comportamiento y la manera en que los demás te perciben. Los patos son tranquilos sobre la superficie, pero debajo del agua patalean como locos sin que los veas. Sé como los patos.

▶▶▶ **Resiste el impulso del pánico.**
▶▶▶ **Aparenta tranquilidad.**
▶▶▶ **Demuestra que puedes ayudar a solucionar problemas durante una crisis.**

GRÁBATELO

No pretendo engañarte. Si toda tu vida has sido un auténtico desastre, actuar con tranquilidad no te será nada fácil. Hay un montón de cosas básicas respecto a tu personalidad que nunca llegarás a cambiar. Pero tú —y los menos obstinados entre aquellos que son como tú— puedes empezar a trabajar ahora mismo en la modificación de tu comportamiento no profesional, un esfuerzo que probablemente no te ayudará a cambiar, pero que con toda certeza puede contribuir a que mantengas la mente serena cuando tu puesto de trabajo esté en peligro.

▶ Deja de quejarte, de recriminar, de pelearte con tus compañeros, de llevar tus problemas personales al trabajo y de actuar mal en muchas otras maneras.

▶ Mantente al margen de las refriegas por cotilleos e intrigas.

▶ Saca brillo a tu imagen de persona de trato fácil adoptando una actitud positiva y flexible, animando a los demás y compartiendo méritos y manteniendo la calma durante una crisis.

En resumen, haz todo lo que debes hacer para evitar que te vean como un empleado neurótico.

3

SER ÚTIL

En tiempos de blindajes, hasta un idiota sabe agachar la cabeza y hacer como que trabaja. Pero fingir no te llevará muy lejos; lo que necesitas es ser útil. Por suerte, ser útil consiste casi siempre en hacer el trabajo por el que te pagan. Ya sabes a qué me refiero, a hacerlo de verdad. ¿Qué me dices de toda esa faena que has estado postergando, evitando o endilgando a otra gente, como cuando tienes que darle malas noticias a tu jefe o llamar a un cliente para cobrar una factura? Bueno, ahora también tendrás que hacerla. Y eso no es todo, porque tendrás que moverte para hallar la manera de hacer más cosas.

Es así. Ha llegado la hora de convertirse en ese señor o señora que trabaja más de lo necesario. El que sabe cómo equilibrar el trabajo por el que le pagan con unos pocos esfuerzos extras estratégicos —más conocidos como beneficios extras— que dejan una clara impresión de su inestimable utilidad. Por supuesto que todo lo que ya vienes haciendo es útil y beneficioso para la empresa y te hará merecedor de un par de alas y media aureola. Pero es el «esfuerzo extra» lo que te diferenciará del resto de holgazanes. Y con esto no quiero decir que deberías hacer horas extras; ni siquiera que deberías trabajar más. Digo que deberías **hacer más para demostrar que eres muy útil.**

28. EJERCE DE MENTOR

Uno de los lastres más grandes de una empresa es la renovación constante entre el personal más joven. Cuando una empresa crea puestos de nivel inicial o de poca responsabilidad, realiza una inversión en formación y adaptación destinada a dotar al empleado de las habilidades para hacer su trabajo y el apoyo necesario para crecer y hacer carrera, la cual, en el mejor de los casos, se desarrollará dentro de un marco de fidelidad y compromiso hacia la empresa. Desafortunadamente, la mayoría de las empresas ofrecen formación laboral, pero no el apoyo continuo para hacer que un empleado nuevo se sienta parte del mobiliario de su familia empresarial. En un mundo ideal los supervisores y compañeros más próximos de un empleado recién incorporado lo cobijarían bajo el ala. En el mundo real, esta clase de apoyo sólo se da de vez en cuando en un ámbito laboral moderno y no suele estar institucionalizada. Aquí es donde entras tú.

Además de los gastos de reclutamiento, entrevistas, comprobación de referencias, exámenes de detección de drogas, el alta en la Seguridad Social y la provisión de bolígrafos y post-its, a tu empresa le cuesta un pastón formar a un empleado tan sólo para verle partir al poco tiempo de empezar a trabajar. Y que no te quepa la menor duda de que también te cuesta a ti y a tus compañeros, en la medida en que tenéis que comeros el marrón cada vez que fracasa una de estas inversiones de futuro. Así que ¿por qué no te acercas a esos novatos y les ofreces el apoyo mínimo que necesitan para sentirse integrados, querer seguir en el juego y ponerse las pilas?; ah, y quizás hasta te puedan echar una mano con todo el papeleo acumulado en tu escritorio.

UN MENTOR A LA INVERSA

Incluso si eres un empleado muy joven también puedes ejercer de mentor —a la inversa— compartiendo un conocimiento que es propio de tu grupo de edad y tu experiencia. Enseñar a los empleados mayores cómo utilizar los accesos directos en los ordenadores o cómo navegar por sitios de redes sociales profesionales es una manera de demostrar tus aptitudes, pasando de ser un empleado más a ser un experto con un simple click. Si ves que alguien tiene dificultades con un programa nuevo, por poner un ejemplo, ofrécete a echarle una mano. La respuesta siempre será «¡Sí, gracias!». Y así conseguirás que ese alguien más importante en la empresa esté en deuda contigo.

Vamos a dejarlo claro: lo de ser mentor te beneficia a ti, no a tus aprendices. Te permite cosechar influencias y puntos de apoyo en todo el ámbito de la empresa y el sector que con el tiempo se volverán sumamente valiosos. Para hacer de mentor no tienes que tener personal a cargo o ser gerente. Sólo necesitas conocer los trucos del oficio y poseer cierta experiencia que sería de gran ayuda para otra persona. El personal más joven y los empleados recién contratados son los que más necesitan de esta clase de apoyo; sólo tienes que ofrecérselo.

Digamos que ves a un chico nuevo luchando con el sistema ofimático o algo nervioso porque le espera hablar con un supervisor gruñón. En el momento oportuno y a solas, preséntate y sé simpático con él. Dile que comprendes cómo se siente y que quizá puedas darle algunos consejos para abrirse camino en el proceso de aprendizaje de su nuevo trabajo. Y añade simplemente: «Envíame un correo y quedamos un día para comer.» Si necesita un guía, tal como sospechabas, te buscará. En ese caso, si parece listo, agradable y ávido de éxito, ofrécete a ser su mentor.

Así como tus mentores te han ayudado de diversas maneras, tú también puedes acabar siendo para tus pupilos un maestro, un recurso, un oído comprensivo y un aliado, dependiendo de sus necesidades y de lo bien que os llevéis. Serás un valioso orientador que les haga tomar conciencia de la realidad, una fuente decisiva de consulta y respuesta, y un guía en el camino de baches ocasionales que ya has transitado en el trabajo. Tus pupilos, en cambio, se convertirán en miembros de tu pequeña «célula durmiente» de apoyo e información, sembrados por todo el territorio empresarial y aún más allá, mientras hacen carrera en los años venideros.

A continuación, algunas simples directrices que te habilitarán para ser un mentor bueno y valioso:

➤ Mantén un trato informal. No estáis en la academia militar. Los protocolos estrictos y las reglas y los calendarios no son necesarios. Lo que sí necesitas es dejar bien claro cómo te gustaría que funcionara vuestra relación. Si por ejemplo prefieres hablar personalmente de los asuntos que estáis tratando en lugar de intercambiar correos electrónicos, díselo. Él es nuevo y tú un veterano. Dile tú cómo funcionará mejor la relación y él se adaptará a tus preferencias.

➤ Mantén encuentros con regularidad. No importa si preferís quedar una vez a la semana para desayunar o poneros al día una vez al mes después del trabajo. Sólo asegúrate de establecer una rutina regular de comunicación con la que él pueda contar. Y que sepas que no durará para siempre. Como toda buena terapia, estas relaciones finalmente se acaban, por lo general cuando el pupilo o la pupila consigue el primer ascenso o cuando es tan bueno en su trabajo que es él quien te da consejos. Más allá de eso, déjale claro que siempre estarás disponible durante una crisis.

➤ Mantén una relación profesional. Puede ser muy tentador ir con tu pupilo y sus amigotes de la universidad al *happy hour* de los jueves. ¡Son alegres! ¡Son divertidos! ¡Son noches del dos por uno! Resiste el impulso y guarda la distancia y el decoro necesarios para que vuestra relación funcione. Tu pupilo te ve como una figura de autoridad que fija límites y se ciñe a ellos.

➤ Mantén el vínculo. Ser aliados es cosa de dos. Una vez que has convertido a otro empleado ecologista en una promesa formidable, él se volverá tan valioso para tu red de relaciones como tú lo serás para él. Seguirá su camino en otros trabajos, pero siempre recordará el papel que desempeñaste iniciándolo en el mundo laboral. Lo mismo ocurrirá con muchos otros con quienes hayas hecho de mentor durante diez años o más. ¡Piensa en lo valioso que será cuando ellos lleguen a jefes!

▶▶▶ ***Ejerce de mentor de empleados nuevos y jóvenes a fin de aumentar tu célula durmiente de seguidores.***

29. EJERCE DE FORMADOR

Te voy a contar un secreto: los jefes odian formar a la gente. Formar a los demás es una lata y un coñazo, y a los jefes les da mucha pereza. Así que si puedes formar a un empleado nuevo —o a uno anterior— en un área que domines —dicho de otro modo: hacer gratis el trabajo de tu jefe— es que vales oro. Esto es más cierto aún en las empresas pequeñas que no cuentan con un departamento de formación oficial y la mayoría de las veces son los jefes los que tienen que formar a los empleados. Es beneficioso tanto para ti como para tu jefe. Si lo haces bien, tu jefe verá que estás mirando por sus intereses. Y las personas en formación respetarán y agradecerán tu ayuda, convirtiéndose así en nuevos miembros de tu célula durmiente de apoyo incondicional dentro de la empresa.

Formar a la gente nueva requiere paciencia. Cada puesto de trabajo debería tener un manual escrito por un empleado con experiencia que describiera las tareas y responsabilidades relacionadas con ese puesto. Deberían figurar las instrucciones especiales, así como los retos que se presentan periódicamente. Si ese manual no existe, podrías escribirlo tú. Informa a tu jefe que te gustaría hacerlo, y él probablemente te alentará en tu sugerencia. A continuación recluta a los empleados adecuados para que redacten las descripciones de los trabajos que realizan, y así tendrás tu manual de formación. Si el folleto es útil y se ciñe con firmeza al protocolo de la compañía, siempre se recordará que fuiste tú el que recopiló los textos para la Biblia de la empresa.

Roma no se construyó en un día, y lo mismo ocurre con los cursos de formación laboral. La información relacionada con la capacitación puede ser abrumadora, por lo que puede resultar efectivo dosificarla y dividirla en fases. Dale tiempo a la persona en práctica para que aprenda, se equivoque, pregunte. Hazle ver que estás abierto y dispuesto a responder preguntas durante el tiempo que sea necesario. (Ahora bien, el tiempo que sea necesario no significa por toda la eternidad. Si alguien no parece apto para su puesto después de tres meses, tienes que avisar a tu jefe.) Envía a tu jefe informes regulares que den cuenta de los progresos —porque los necesita, desde luego, pero también porque así se valorará lo que estás haciendo—. Formar a un empleado nuevo es como tirarle un salvavidas a tu jefe. ¡Sólo asegúrate de no estar formando a tu sustituto!

Otra oportunidad de formación te la brindan aquellos empleados que a pesar de su antigüedad podrían necesitar algunos refuerzos en áreas que tú ya dominas. Supongamos que has escrito la mejor propuesta de trabajo del mundo. Lo sabes tú, lo sabe tu jefe, lo saben tus compañeros. ¿Y si le dijeras a tu jefe que ahora estarías dispuesto a dar un pequeño seminario sobre tus trucos y consejos a la hora de escribir una propuesta sensacional? Te llevaría una hora, podrías hacerlo en la sala de conferencias y sería para todo aquel que quisiera asistir. «Qué generoso —pensará tu jefe—. Y qué útil sería para todos los demás, los que redactan esas propuestas defectuosas que me lleva tanto tiempo corregir.» «Claro que sí, sería estupendo. ¡Gracias!», dirá.

Ahora bien, ¿quién es el que más sale ganando aquí: tú, tu jefe, tus compañeros? Tú quedarás como un héroe, tu jefe probablemente empezará a observar mejoras en el producto, y tus compañeros también podrán mejorar su reputación esforzándose en hacer mejor su trabajo. Digamos que es un empate.

Encuentra la manera conveniente de compartir tu talento, tu técnica y tus conocimientos prácticos. Está muy bien compartirlo de uno en uno con la gente que crees que podría necesitarlo, pero asegúrate de que tu jefe esté al corriente de tus esfuerzos. Si la manera indicada es ofrecer formación en grupo, como en el ejemplo anterior, también debes hacerlo. Quizá podrías hacerte un hueco regularmente para formar a los empleados nuevos a fin de enseñarles un sistema concreto en el que todos reconozcan que eres un experto. Eso se convertiría al mismo tiempo en una oportunidad constante para alardear de tus conocimientos y tu valor añadido.

Pero mientras intentas aumentar tu capital resaltando tu talento, es necesario que compartas tu especialidad de tal modo que a tus compañeros no les entre ganas de darte un puñetazo. «Pero ¿cómo? ¿Es que no van a abrazarme y a darme las gracias y a agasajarme con regalos de incienso y mirra?» Pues no, no si te comportas como un listillo sabelotodo. Sé modesto y gentil y tolerante con sus carencias. Sé sincero y alentador y demuéstrales que haces esto por el bien de toda la empresa. Porque si huelen que eres un oportunista interesado te darán un puñetazo.

Comparte el entusiasmo que sientes por tu especialización. Es la mejor manera de motivar a los demás para que mejoren sus aptitudes —de que lo hagan porque así lo quieren y no porque tienen que hacerlo—. Di que eres el mejor herrero de todo el país y verás cómo todos los que habitan en un radio de cien kilómetros te traerán sus caballos. Compartir con tus aprendices la pasión que sientes por tu excelente trabajo es la forma más rápida de convertirlos en una pequeña panda de expertos. Y entonces tendrás un equipo de primera y un nuevo grupo de fieles reclutas.

¿Ves ahora cómo empiezan a surgir unas pautas bien definidas? Tú compartes tu talento, lo cual te deja en una buena posición, que a su vez deja en una buena posición a tu jefe, y al ser de gran ayuda para los demás ellos también quedan en una buena posición. Soy la última persona en el mundo que se pondría a predicar el altruismo, pero si me sirve para blindar mi puesto de trabajo, ¡me apunto!

▶▶▶ *Ofrécete para formar a tus compañeros y quítale un peso de encima a tu jefe.*
▶▶▶ *Comparte tu talento para presumir de él.*

30. SÉ UN JUGADOR IMPRESCINDIBLE

Aquí van unas preguntas tipo test pensadas para ti: la mujer que estaba en el cubículo de al lado se ha ido a trabajar con la competencia y ha dejado a tu jefe cargando con el muerto de una presentación muy importante para la semana que viene. ¿Qué harías?

- A. Encogerte en tu silla con la esperanza de que tu jefe no te llame para sustituirla. ¡Ya no te acuerdas de la última vez que presentaste un proyecto!

- B. Decirle que te encantaría ayudarle pero «ése no es tu trabajo».

- C. Saltar del banquillo y enfrentar la situación poniéndote al corriente del proyecto cuanto antes.

Tiempo. A estas alturas ya sabes que la respuesta correcta siempre es la C. La fórmula es sencilla: hacer la pelota, cumplir con la faena y ponerte un paso por delante de los demás. Ésta es una de esas ocasiones valiosísimas para volverte realmente indispensable, arremangarte, echar mano de todas tus habilidades y ayudar a sacar un conejo de la chistera. Lo digo muy en serio.

Cuando estás intentando demostrar tu valor a largo plazo, debes hacer ver que tienes capacidades superiores en un área específica y que al mismo tiempo posees una amplia serie de aptitudes que pueden salvar el día en caso de apuro. Con hacer bien tu trabajo no basta; tienes que estar preparado para currar siempre que te toque y también para hacer el trabajo

UNA HISTORIA REAL

Richard era el máximo ejecutivo de cuentas de su equipo y lo llevaba siendo durante mucho tiempo. Un fin de semana la gente de su departamento estaba preparando una propuesta para un cliente colosal que en su mayoría había redactado él; la participación de Richard en el proyecto había acabado semanas atrás y ahora la presentación estaba en manos del departamento de arte. Estaba a punto de partir hacia el campo de golf para pasar una tarde de sábado cuando recibió una llamada frenética de la diseñadora diciéndole que la directora de arte estaba de parto y que ella no estaba segura de poder arreglárselas sola. Él era la única persona que ella creía capaz de ayudarle. De hecho, su nombre fue el único que le vino a la cabeza.

Richard no era director de arte, pero conocía tan bien el proyecto que probablemente podría ayudar a la pobre muchacha a sacarlo adelante. Con la ayuda de un becario y la madre de la diseñadora, el domingo por la noche terminaron de corregirlo, imprimirlo y encuadernar el material final para la propuesta, dejándolo todo listo para la presentación del martes. En dieciocho horas Richard corrigió la propuesta entera, hizo incontables retoques en el documento, se encargó de hacer todo el trabajo de chinos en el Quark-XPress (que ya sabía cómo utilizar), supervisó la calidad de impresión de casi un millón de fotocopias, montó, embaló y escribió la dirección de destino en una docena de cajas de cartón que pasarían a recoger las furgonetas de reparto. Es cierto, podría haber llamado a la caballería, pero le sentó bien ejercitar algunos músculos que llevaba tiempo sin utilizar. Y además consiguió dar una buena imagen.

del tipo de al lado. Ser un jugador indispensable requiere que estés preparado (es decir, listo y dispuesto) y cualificado (en otras palabras, disponer de una versatilidad lo bastante amplia como para desempeñar varias funciones).

En los deportes, un jugador indispensable es aquel que generalmente puede jugar en varias posiciones. Es un manitas para diversos trabajos, aunque por lo general no es un experto en ninguno. Te aconsejo, sin embargo, que seas un experto en tu posición y un habilidoso en algunas otras áreas para que puedas contar con ese abanico de habilidades cuando tu jefe más lo necesite. Piensa en alguien como Magic Johnson, que era el mejor base del baloncesto —famoso por efectuar con éxito esos sorprendentes pases por detrás de la espalda—, pero que estaba preparado para plantarse frente a un pívot de dos metros treinta si la situación así lo requería.

Para convertirte en ese jugador indispensable de máximo valor tienes que explotar las habilidades que utilizabas en los comienzos de tu carrera, o ciertas habilidades que aún te quedan por aprender pero que sería interesante incorporar. Abandona el banquillo cuando se presente una emergencia. Ten en cuenta que tal vez tu jefe no sepa mucho más que tú sobre cómo manejar una determinada situación, así que no tengas miedo de improvisar sobre la marcha. Probablemente será un proceso de aprendizaje muy rápido. Y obtendrás puntos extra por tu valentía.

Debes sentirte muy agradecido cuando se te presente la oportunidad de intervenir. Porque si tu jefe sabe que eres multifacético, adaptable y estás dispuesto a arrimar el hombro, bueno, en fin, conservarás tu puesto. Créeme.

▶▶▶ **Demuestra que posees diferentes aptitudes para ser útil en diferentes ocasiones.**

31. SÉ UN ESPECIALISTA

Vale, ahora que ya te he convencido de que seas un generalista, te diré que también has de ser un especialista. Porque por mucho que la gente valore el vasto conjunto de conocimientos que has acumulado y que se puede explotar de diversas formas, te valorarán más aún si eres un francotirador, un artista formidable y excepcionalmente capacitado para hacer lo que nadie más sabe hacer.

Tú no vas a ver al médico de cabecera para que te opere el cerebro, vas a ver a un cirujano con un membrete colmado de méritos y diplomas de las mejores universidades colgados en

UNA HISTORIA REAL

Vin era un diseñador mecánico que trabajaba en una empresa de productos de consumo. Llevaba trabajando allí casi veinte años, mucho más que la mayoría de los jóvenes mañosos que tenía por compañeros. Eso se debía a que siempre había puesto empeño en ser el primero en probar las nuevas tecnologías, pasando rápidamente de los dibujos a mano que hacía a principios de su carrera a los programas de diseño en 2-D por ordenador y luego al dominio magistral de los programas de 3-D que sus compañeros aprendían más lentamente o se resistían a aprender. Regularmente hacía cursillos de diseño avanzado, y de forma constante y a conciencia había ido mejorando y perfeccionando sus aptitudes, convirtiéndose así en el experto de la compañía para consultas relacionadas con tecnología punta. Y cada vez que llegaba la época de reducciones, como suele suceder de tanto en tanto, Vin siempre poseía un conocimiento necesario y por eso se quedaba, mientras los otros, en fin, los otros se largaban.

la pared que acreditan que posee una formación superespecializada y ultraprecisa que te salvará la vida. Eso es lo que tú quieres ser: un neurocirujano.

¿Qué hay que hacer para adquirir una especialidad? Dentro de un área general de responsabilidad hay una determinada cantidad de tareas que puedes convertir en tu fuerte. Digamos que eres un editor de libros que siente pasión por la labor de punto. Concéntrate en esta área de interés y hazte conocido por los preciosos libros prácticos que publicas. Si trabajas en la planta de ventas de una ferretería y tienes un don especial para asar a la parrilla, asegúrate de que nadie sepa más que tú de barbacoas y parrillas. Desarrolla un ávido interés y conviértete en un especialista.

¿Tienes dos palos y un poco de papel? Ya puedes encender el fuego. ¿Tienes un puñado de aptitudes? Ya puedes ser un experto. La especialización no surge de la noche a la mañana, de forma natural, pero puedes empezar ahora mismo tu camino para llegar a ser un especialista. Sólo piensa en la manera de perfeccionar y mejorar las aptitudes que ya tienes, tomando algo que has venido haciendo todos los días para convertirlo en un área de especialidad destacada.

La manera más fácil de destacar como un especialista es buscar una tarea o responsabilidad de un claro valor práctico que los demás tiendan a eludir y hacerla tuya. Luego realiza una formación superior o cursos que profundicen en tu campo de conocimiento y habilidades. Supongamos que eres un representante de ventas con un dominio básico del francés. Hazte cargo de las cuentas de Canadá, donde tus habilidades idiomáticas pueden ser una gran ventaja. Conozco un vendedor de publicidad de mobiliario urbano al que le encantaba ir de compras y se hizo cargo de las cuentas de los centros comerciales que nadie quería y duplicó las ventas para su empresa.

Ofrécete como voluntario para tantas misiones en tu campo de interés como te sea posible, a fin de desarrollar y promocionar tu especialidad. No es difícil darte a conocer como el especialista en cierto tipo de tareas si tus compañeros saben que estás siempre preparado para asumir el reto y hacerlo mejor que nadie.

Adelántate a todos los avances en tu campo para experimentar y mejorar tus capacidades. Si surge una nueva tecnología relacionada con el trabajo que realizas, sé el primero en utilizarla y dominarla. Cuando seas el que posee el conocimiento más avanzado y especializado en un campo vital, cuando tengas las aptitudes privilegiadas de las que carece el empleado medio, cuando seas el francotirador, entonces estarás protegido.

▶▶▶ **Sé un francotirador.**
▶▶▶ **Promociona tu especialidad en tu círculo de superiores y compañeros.**

32. COMPARTE TU TRABAJO

ShareNet, Google Docs, Intranet, páginas interactivas de contenidos. Ah, el poder y la grandeza del trabajo compartido orientado a la tecnología. Qué lástima que todas estas sofisticadas herramientas tecnológicas no nos hayan enseñado a compartir mejor. Sí, claro, envías tus presentaciones y archivos a tu jefe y a tus compañeros porque es tu obligación. Pero ¿realmente podrías decir que tu corazón es un *software* libre? Creo que no. Estás paranoico, y no te faltan motivos.

UNA HISTORIA REAL

John trabajaba para una agencia de publicidad interactiva cuyo director ejecutivo era adicto a compartir documentos al estilo *wikipedia* dentro de la empresa. Cada vez que se ponía en marcha un nuevo proyecto se esperaba que los empleados hicieran sus aportaciones a los documentos de trabajo, añadiendo nuevas perspectivas, puntos de referencia y recursos a medida que el proyecto avanzaba. John pensaba que ese «intercambio» constante era un coñazo que le consumía mucho tiempo y suponía un estorbo para su «verdadero» trabajo, así que sencillamente no se molestaba. Imagina su sorpresa cuando recibió una bofetada durante la evaluación de rendimiento por «insubordinado» y «poco dispuesto a colaborar» a raíz de su ausencia en los foros digitales de la empresa. Ahora su puesto de trabajo pende de un hilo.

El trabajo es una competencia, y tú estás compitiendo con tus compañeros para conservar tu empleo. Y si bien es cierto que nunca deberías darle a un compañero una buena idea que podría valerle un ascenso o costarte tu puesto, tienes que estar preparado para compartir tu trabajo si la empresa así lo requiere.

Compartir tu trabajo es algo que entra dentro de la misma categoría aterradora que compartir los méritos. Tienes que estar dispuesto a compartir lo que sabes para obtener algo a cambio. Pero no puedes evitar preguntarte: ¿es realmente seguro compartir? ¿Y si alguien me roba mis ideas? ¿Y si lo ridiculizan o lo manipulan indebidamente? ¿Y si...? ¡Bah, no seas tan egocéntrico! Sólo porque compartas tu trabajo no significa que la gente vaya a querer utilizarlo y ni siquiera mirarlo. Aquí lo significativo es que tengas el detalle de querer ponerlo a disposición de los demás. Llámalo transferencia de

> ## COBRAR POR COMPARTIR
>
> Algunas empresas están tan desesperadas por constatar el intercambio de conocimiento que están dispuestas a pagarte un fin de semana en Las Vegas para ponerlo a prueba. Hace algunos años, Siemens, el conglomerado multinacional de electrónica e ingeniería, pidió a sus trabajadores que dejaran de acaparar su información y pericia profesional. Instaló una red de conocimiento compartido vía ShareNet e invitó a los empleados a compartir su trabajo en el marco de esta acción global, poniéndola a disposición a través de foros, bases de datos y buscadores. La recompensa por una participación exitosa incluía primas en efectivo para el tipo de información que generaba un incremento de las ventas y viajes de premio (¡Viva Las Vegas!) para el tipo de conocimiento que demostrara ser de gran valor para otra persona. Tú, desde luego, deberías estar haciendo esto para proteger tu empleo.

conocimiento compartido en la red o llámalo clavar tus brillantes deberes con estrella de oro en el tablón de anuncios, a mí me da igual con tal que protejas tu empleo.

Compartir información es una iniciativa social y práctica. Sirve para forjar y sustentar relaciones valiosas entre tú y la gente con la que trabajas y para poner a disposición un capital intelectual que puede ser provechoso para todos. Además, dicho sea de paso, gran parte del trabajo que realizas tiene un efecto directo sobre el trabajo de otra gente, de modo que si no compartes no les permites realizar su trabajo. Lo cierto es que es más peligroso acaparar la información que compartirla libremente.

Comparte tus investigaciones, tus resultados, tus informes, tus ideas. Comparte todo aquello que sea de valor para tus colegas de profesión —sin revelar toda la información, por supuesto—. Considéralo una publicidad del trabajo excelente que eres capaz de realizar. Comprende que la amenaza que recae sobre ti por compartir aquello por lo que tu empresa te paga para que produzcas es realmente mínima. Y el beneficio no sólo incluye que te consideren un profesional inteligente, sino generoso, seguro de sí mismo y muy inteligente.

▶▶▶ **No acapares la información.**

33. ASUME LA RESPONSABILIDAD

Quien no asume la responsabilidad de su trabajo, sus acciones o sus relaciones es un tramposo. Desconoce el concepto «rendición de cuentas», y cuando se arma la gorda no hay donde encontrarle. Eludir la responsabilidad es un comportamiento extremadamente feo, una actitud que nadie tolerará ni te perdonará ni te ayudará a cambiar.

El tramposo es la comadreja que dice: «¿Quién, yo?» cuando el jefe busca a alguien que reconozca que no se ha respetado un plazo, que se ha perdido a un cliente insatisfecho o que han bajado las ventas; y el buen empleado es el que levanta la mano y dice: «Yo, me hago cargo, es mi culpa.» En este caso definitivamente quieres ser el buen empleado.

Ahora bien, no te digo que vayas por ahí asumiendo indiscriminadamente las culpas de todos los errores porque no sería muy listo de tu parte si lo que quieres es blindar tu puesto de trabajo, ¿no es cierto? Sólo te digo que en primer lugar asumas toda la responsabilidad concerniente a tu trabajo, de cabo a rabo, desde el principio hasta el final. Porque cuando realmente tienes el control de tu trabajo —de los aciertos y de los errores—, los errores tienden a ser la excepción mientras que los aciertos se convierten en la norma. ¿Que por qué es así?

Cuando asumes la responsabilidad, aprendes a llevar tu trabajo como si se tratara de tu pequeña empresa, en cuyo caso te ves en la obligación de responder por todos y cada uno de los resultados. Cuando asumes la responsabilidad de tus de-

ANTES DE CULPARME, MÍRATE

La mayoría de la gente empieza a eludir la responsabilidad a partir de una voz que oye en su cabeza y que señala las culpas de los demás, y de este modo no tiene que asumir las propias. Con el tiempo, culpar a los demás o desentenderse de todas las circunstancias por ser «factores que escapan a mi control» se convierte en un defecto inherente, y sin darte cuenta vives toda tu vida determinado —mentalmente— por los caprichos del destino o las acciones crueles o equivocadas de los otros. ¡Lamentable! El primer paso para asumir las consecuencias de tu propia vida es dejar de culpar a los demás. Así es como puedes renunciar al vicio de culpar:

- ▶ Escúchate. Lleva la cuenta diaria de todas las veces que le echas la culpa a alguien o a algo. Llegas tarde al trabajo por culpa de ese asno que se puso delante de ti en el semáforo. Te perdiste la conferencia por culpa de la recepcionista que no vino a la cafetería para avisarte. Esa maldita impresora se estropeó y por su culpa se perdió una hoja de tu informe. Toma nota de las excusas que das a los demás, así como de todo lo que piensas.

Si eres un inculpador crónico y eres sincero contigo mismo y estás atento mientras realizas este ejercicio, sin duda acabarás con una lista interminable de quejas acerca de los demás. Hummm... No sé tú, pero yo no dejaría la seguridad de mi empleo en manos de una panda de asnos, recepcionistas e impresoras. Cuando decides asumir las consecuencias en lugar de culpar a los demás, empiezas a vislumbrar todas las maneras posibles de controlar esas consecuencias y hacer que todo salga mejor.

- ▶ Mírate en el espejo. Cada vez que te sorprendas culpando a alguien —ya sea para tus adentros o, lo que es peor, en voz alta— detente y piensa cuál ha sido tu papel en lo sucedido. Y piensa en un comportamiento alternativo que podría haber cambiado el resultado. Saliste tarde de casa y sólo te retrasó el asno en el semáforo. Pues empieza a salir cinco minutos antes cada día y los semáforos no tendrán ninguna importancia. La recepcionista olvidó su bola de cristal y cuando te llamaron ella no sabía que estabas en la cafetería puesto que tú no se lo dijiste. Si eres tan importante para estar presente en una conferencia telefónica, sé lo bastante responsable para estar junto al teléfono a la hora señalada. Y no puedes cambiar esa maldita impresora, ¿verdad que no? Así que tómate cinco minutos para revisar tus impresiones, de modo que cuando encuentres que una página ha salido mal puedas arreglarla. El noventa y nueve por ciento de las veces descubrirás que un resultado infinitamente mejor está en tus manos.

- ▶ Pídele a alguien su opinión. No hay llamada de atención más eficaz que cuando un amigo de confianza o un familiar te confirma que sí, que en efecto tienes la manía de culpar. Por supuesto que cuando te lo diga tu primera reacción será culparle. Supérala y aprende que todo lo que hagas por eliminar esta actitud y reemplazarla asumiendo la responsabilidad de tus propias acciones te ayudará a sentirte más fuerte, mejor y protegido.

cisiones, tus acciones, el curso de tu trabajo y la calidad de tus relaciones laborales, finalmente comprendes lo que quería decir aquella placa que el presidente Truman tenía sobre su escritorio: «Hasta aquí llega la pelota.» No puedes seguir pasándola, ya no puedes justificarte. Cuando tienes éxito, es tu éxito. Cuando no, bueno, también has de cargar con eso.

Ya que no quieres ser un tramposo, aprende a asumir la responsabilidad. Si bien es cierto que un tramposo puede actuar con ingenio de la manera más vil, achacándole con arte la culpa a otro como quien le pega un cartel en la espalda que dice «SOY EL PRINGADO», los jefes astutos pueden olfatear a un tramposo a un kilómetro de distancia y abrir la trampa más próxima para empujarle dentro. Y hasta los jefes idiotas finalmente caen en la cuenta de las artimañas de un tramposo para escabullir el bulto.

Los tramposos son una carga terrible para la moral del grupo y la productividad en el ámbito de trabajo. De modo que asumir la responsabilidad es una táctica de blinda-

PARA QUE LO SEPAS

En medio de una conversación espinosa, la frase «Sólo soy el recadero» funciona como abreviatura de que por tu parte no asumes ninguna responsabilidad. Y si bien parece una forma efectiva de resguardarte de una reprimenda, estás dando la impresión de ser una persona poco dispuesta e incapaz de responsabilizarte por la información que estás transmitiendo. La gente detesta a los recaderos cuando traen malas noticias, entonces ¿por qué siempre te refieres a ti mismo como uno de ellos? No siempre es fácil, pero es mucho más seguro a largo plazo asumir la responsabilidad del mensaje que tienes que transmitir.

je de la que puedes empezar a beneficiarte desde este preciso momento.

> ▶▶▶ **Controla el resultado de todas tus acciones y decisiones.**
> ▶▶▶ **No culpes a los demás y no pongas excusas.**

34. TOMA LA INICIATIVA

La iniciativa es el pegamento que une todo aquello que estás poniendo en práctica para blindar tu puesto de trabajo. Te pide que apeles a tu flexibilidad, a tu utilidad y a tu especialidad, por nombrar algunas cosas. La capacidad de iniciativa es una de las cualidades más valiosas que puede poseer una persona, sin embargo es infrecuente en los mejores momentos y casi inexistente cuando las cosas se complican. ¿Por qué será? Pues porque tomar la iniciativa es algo que da miedo. Se requiere motivación, valor y confianza en uno mismo para llevar a cabo el primer movimiento y hacer algo sin que te lo pidan. Se necesita ser flexible, responsable, creativo y experto.

Puesto que sabemos que todo lo que le ocurre a Homer Simpson en el trabajo es disparatadamente cierto en la vida real, es fácil comprender por qué una persona preferiría ser invisible a destacar, sobrevivir a tener éxito. Porque tomar la iniciativa siempre supone ir a por más y muchos de nosotros nos pasamos toda nuestra vida laboral yendo a por menos, nunca a por más. Y porque no levantar la mano es mucho más fácil que levantar la mano y decir «¡Yo lo haré!» y arriesgarte a fracasar.

A pesar de ese riesgo que percibes, tomar la iniciativa es probablemente lo mejor y lo más meritorio que puedes hacer para demostrar cuánto vales en el trabajo —sobre todo en tiempos difíciles—. Hasta los más altos directivos temen mover la pieza equivocada, y la actitud general en toda la empresa puede volverse cautelosa hasta el extremo de quedar paralizada. Por eso algunas ocasiones son oportunidades de oro para sumar puntos cuando más se necesita, por medio de la toma de iniciativa.

Sí, cada vez que levantas la mano podrías equivocarte. Es cierto, cada vez que das el primer paso podrías cometer un error. Pero la iniciativa aporta al ambiente una inyección de movimiento y actividad, de progreso y promesa que crea una dinámica positiva siempre capaz de superar los errores a corto plazo. Serás recordado por haber movido cielo y tierra para

UNA HISTORIA REAL

Michelle era una supervisora de nivel básico en la oficina de una enorme cadena minorista. El negocio estaba decayendo dramáticamente y ella sabía que muchos puestos de trabajo en su departamento corrían peligro, incluido el suyo. Así que enseguida se puso a preparar una serie de proyectos para su sección destinados a incrementar las ventas (véase la táctica número 38: «Ayuda a mejorar el saldo de tu empresa»), a los que todo el mundo se apuntó con ilusión, esperando proteger sus propios empleos. Nadie le había pedido que hiciera esto, y ella no tenía la certeza de que su plan funcionaría. Pero demostró tener una iniciativa audaz —no tenía nada que perder, ¿verdad?— y reunió a las tropas. Finalmente, en su departamento se eliminaron cuatro puestos de trabajo, pero el de Michelle permaneció a salvo. Y una vez que la economía se repuso y el negocio mejoró, ella consiguió un ascenso mucho más alto.

resolver un problema o abrir nuevos horizontes. Y lo más importante, por haber inspirado a todos los que te rodean para que también se pusieran en marcha. Es difícil ignorar a alguien que da el ejemplo tomando la iniciativa.

¿Cómo podrías hacer para fomentar el deseo de asumir riesgos, ir a por más y obligarte a ti mismo y a los demás a traspasar los límites de la rutina diaria?

- Coge ese teléfono que está sonando. Pon todo tu empeño en hacer las tareas pendientes, aunque «no sean parte de tu trabajo». Anticípate a cualquier necesidad y satisfácela, aunque sólo se trate de llevarle un café a tu jefe sin que te lo pida. Ofrecer algo sin que te lo pidan es un comportamiento contagioso.
- Levanta la mano. Ofrécete como voluntario para hacer frente a los proyectos, especialmente a aquellos que todo el mundo prefiere evitar. Acepta el reto de tareas que nadie quiere realizar o intenta resolver problemas difíciles. Cada vez que tus compañeros haraganes dicen «No, gracias» a una tarea, es una oportunidad para demostrar tu iniciativa.
- Actúa con resolución. No te entretengas demasiado decidiendo, pensando, avanzando o retrocediendo cada vez que tengas que hacerlo. La dilación es el enemigo de la iniciativa.
- Planea una jugada a tu medida. Tomar la iniciativa no siempre implica que te arrojes sobre una granada a punto de estallar o que lleves a cabo otras hazañas heroicas. Cada sustitución o tarea pendiente es una oportunidad de tomar la iniciativa de muchas maneras, pero tienes que dar la talla.
- Admite el resultado final. Tomar la iniciativa exige ser

lo bastante valiente y comprometido para dar el primer paso, pero también para seguir dando a continuación todos los pasos necesarios que podrían ser difíciles y arriesgados, sabiendo que nada garantiza que siempre lo consigas. Da cada paso dispuesto a conseguirlo pero a su vez con la fortaleza necesaria para asumir el fracaso y la responsabilidad, no importa cuáles hayan sido los resultados. Y luego dirígete sin perder tiempo hacia el próximo objetivo. Y luego hacia el siguiente.

➤ Haz que te acompañen. Invita a tus compañeros a efectuar el primer movimiento contigo. A modo de ejemplo, a modo de petición. Forma un equipo de emprendedores que resuelvan problemas, crea oportunidades y suma puntos cuando tu empresa más lo necesite. El éxito colectivo convertirá a la gente de tu equipo en miembros de tu célula durmiente de seguidores.

▶▶▶ **Acostúmbrate a tomar la iniciativa.**
▶▶▶ **Aprende a apañártelas con los riesgos propios de toda iniciativa.**

35. APOYA A TU JEFE

De todas las tácticas para blindar tu puesto de trabajo, ésta es la que más me gusta. Es increíblemente eficaz, y hay una infinidad de maneras para ponerla en práctica. En los círculos elegantes le llaman «apoyar» al jefe, pero en realidad es simplemente hacerle la pelota.

Una práctica servil, desde luego, pero también fundamental. Se reduce a entender que tener una buena química con tu jefe es primordial para blindar tu puesto de trabajo. La buena química se origina prestando atención a lo que tu jefe necesita, a cómo trabaja, a lo que le gusta y lo que no, para luego modelar tu actitud y la manera de enfocar tu trabajo a fin de que eso se vea reflejado. Ahora escúchame bien: tu jefe es tu puesto de trabajo. Que te quede claro, ¿vale?

Para empezar, tienes que llegar a conocer a tu jefe personalmente. Esto requiere que, sin hacer mucho ruido, te saltes las barreras invisibles relativas al «trato personal» que sugieren los manuales de empresa y Recursos Humanos y las políticas de personal, y sigas adelante asimilando a conciencia detalles personales sobre tu jefe o jefa, como la información referente a su familia, hijos, pasatiempos, formación, trabajos anteriores y demás, a medida que estas cosas vayan surgiendo en las conversaciones. ¿Qué temas le entusiasman? ¿A qué cosas es sensible? Toma nota de sus costumbres, como a qué

PREGÚNTATE

- ▶ ¿Estoy al corriente de lo que mi jefe necesita?

- ▶ ¿Reflejo su estilo?

- ▶ ¿Sus objetivos se ven representados en mi trabajo?

- ▶ ¿Sabe que puede contar con que haré el trabajo tal como él lo quiere?

- ▶ ¿Le caigo bien a mi jefe?

hora llega por la mañana (o por la tarde) y a qué hora se va por la tarde (o por la mañana). Fíjate en aspectos de su estilo, como si interviene mucho o delega, si es afable y simpático o frío y distante, si trabaja orientado al detalle o a la dirección general. ¿Está metido en las intrigas de oficina? ¿Se obsesiona con cada paso de un proceso? Toda esta información te ayudará a hacerle la pelota. Quiero decir a apoyarle, por supuesto.

Para ser claro, cultivar una buena química es tu trabajo, no el de tu jefe. Tú eres el que tiene que realizar todas las observaciones y cambios a fin de que vuestra relación sea un éxito. Pero aun cuando estés haciendo todo el trabajo duro en beneficio de la relación, al mismo tiempo puedes llevar el control de tus propios objetivos y conseguir lo que necesitas para abrirte camino hacia el éxito y la seguridad. Antepón los objetivos de tu jefe a los tuyos y trabaja como un condenado para que se cumplan.

Éstas son las instrucciones:

➣ Adáptate al estilo de tu jefe. Esto es lo que ya mencioné anteriormente, lo de ser un Mini Yo. La manera que él o ella prefiera para comunicarse —la frecuencia, el formato, el nivel de detalle— será la que tú también prefieras. El ritmo que marque a lo largo del día será el que tú sigas. Hasta deberías imitar vagamente su estilo personal; si viste con la elegancia de la gente que fue a las mejores universidades, deberías deshacerte de los enormes zapatos con plataforma o de la chupa de cuero. Tranquilo, tu relación con tu jefe no acabará siendo como la que mantienen Smithers y el señor Burns. Simplemente te estás posicionando para darle exactamente lo que necesita y siguiendo su estela para conseguir tú también lo que necesitas. (Estamos hablando de la seguridad de tu puesto de trabajo, desde luego, aunque también de una oportunidad de crecimiento.)

➤ Controla las expectativas. No prometas a tu jefe nada que no puedas cumplir, como la entrega de un informe sobre un tema que desconoces por completo o un cliente que te será imposible conseguir. Que se ponga a gritar y a exigir no significa que tú puedas entregárselo. Si bien es muy tentador decir: «¡Sí, claro, ahora mismo, señor!», vas a terminar decepcionado y angustiado. En lugar de eso dile qué es exactamente lo que eres capaz de hacer y luego ponte a trabajar en una estrategia para ayudarle con el resto.

PARA QUE LO SEPAS

Si bien ser un Mini Yo tiene sus ventajas, no hay nada malo en explotar las diferencias que tienes con tu jefe. De hecho, en ocasiones los jefes inteligentes te contratan a causa de tus diferencias y no a pesar de ellas. Los polos opuestos se atraen, y si da la casualidad de que en efecto eres la antítesis de tu jefe no es que le hayas engañado en la entrevista, sino más bien que él tiene limitaciones en campos donde creyó que tú eras particularmente un fuera de serie.

Un ejemplo: yo soy desorganizado, inoportuno, la calle me enseñó más que los libros y todo el tiempo mezclo mi vida personal con el trabajo (suerte que soy el jefe, ¿eh?). Contraté a Buddy porque es listo, tiene aptitudes intachables, es discreto y callado. No sé casi nada de su vida privada. ¡Y no es que no haya intentado sonsacarle!, podría añadir. Pero a diferencia de mí, él tiene la prudencia de fijar límites, es educado y perfectamente oportuno, y me hace quedar bien. Él es Betty *la Fea* y yo soy Daniel Meade. En apariencia no podríamos ser más distintos, pero perseguimos juntos mis objetivos.

> **PARA QUE LO SEPAS**
>
> Tú deberías ser el primero en saber qué pasa con tu jefe, tanto si te lo cuenta como si no. Por eso deberías crear alertas de Google y de Yahoo con el nombre de tu jefe y de tu empresa para recibir correos electrónicos en la cuenta privada que consultas en casa.
>
> ¿No quieres saber si le pillaron por superar la tasa de alcoholemia cuando fue a visitar a su madre en Florida? ¿O si hay rumores sobre la venta de tu compañía? Claro que quieres. Y ya que estás, utiliza un motor de búsqueda de blogs para saber qué se dice de tu empresa en la blogósfera.

- Insiste mucho en la aclaración. Muchos jefes saben lo que quieren pero no son muy buenos a la hora de explicarlo. Si no te queda clarísimo como el agua lo que él espera de ti, pregunta. Puede que le moleste que lo acoses una y otra vez para aclarar detalles, pero mucho más le molestará que le traigas un prototipo rojo cuando él quería uno azul.
- Sé un experto de la logística en vuestra relación. Como ya apunté anteriormente, esta relación corre por tu cuenta. En cierto modo, te conviertes en el jefe secreto de tu jefe: te conviertes en la esposa o en la madre de vuestra relación. (Ya lo sé, a veces me asusto de mí mismo.) Así que ocúpate de los detalles. Si no lo haces tú, nadie lo hará.
- Promete menos y cumple más. En cada ocasión. No me cansaré de enfatizar la importancia de esto. Así te aseguras de que tu jefe te perciba como un dinámico ganador y no como un penoso ejemplo de lo contrario. Aprovecha cada oportunidad para sorprenderle con una pizca extra de excelencia. Así conseguirás hacerle

quedar muy bien, lo que se convertirá en un hábito del que no podrá desprenderse. Es así, eso es lo que él espera de ti. Y puedes estar seguro de que no te despedirá.

➤ Deja una buena impresión en aquellas personas a las que tu jefe respeta. Empieza por él, naturalmente. Y luego sigue por ese director de Marketing con el que tu jefe se entiende tan bien que sus opiniones le hacen brillar los ojos. Si consigues caerles bien o que piensen que haces un buen trabajo, estas personas harán que empieces a ser visible para tu jefe.

▶▶▶ **Sé el Mini Yo de tu jefe.**
▶▶▶ **Procura que haya una química excelente entre tú y tu jefe.**
▶▶▶ **Controla el éxito de la relación que mantienes con tu jefe.**

36. ECHA UNA MANO

En tiempos difíciles nada se agradece más que una persona que pregunta: «¿Te puedo ayudar en algo?» Eso también deja una impresión favorable y perdurable en la gente que decide quién se va y quién se queda.

Piénsalo como un mérito laboral extra. No debería hacer que desatiendas las responsabilidades que ya tienes, pero siempre que tengas una mano libre y alguien la necesite, tiéndesela. Merece la pena.

Antes de nada, asegúrate de estar ayudando a alguien que lo merezca, no a uno de esos gandules que nunca acaban su trabajo a tiempo o que se perjudican a sí mismos no aprendiendo a usar nunca los sistemas o programas del ordenador. En este caso Darwin tenía razón. Es la supervivencia del más apto, y esos peleles necesitan una pequeña muestra de extinción para enderezarse, no que vayas tú y les saques de apuros.

Ayuda a un tío que nunca te pide que le ayudes. Ayuda a uno que te ha ayudado antes. Ayuda a un novato al que su trabajo le queda grande. Puede que te veas haciendo un trabajo aburrido para ayudarles a salir del apuro. Hacer fotocopias, cotejar un documento, tipear un texto son cosas que podría hacer un chimpancé. No obstante, no juzgues el tipo de trabajo, sólo muéstrate dispuesto a echar una mano para hacer lo que sea necesario. A diferencia de un gandul, que además de una pereza deplorable y una absoluta ineptitud padece de amnesia crónica, esta gente no olvidará tu ayuda y vendrá en más de una ocasión para devolverte el favor.

Naturalmente, la pregunta obligada es: ¿en qué te benefi-

PARA QUE LO SEPAS

Para que te quede bien claro, deberías echar una mano cuando entreveas un beneficio; ya sea sumando puntos con tu jefe o asegurándote de que la persona a la que ayudas se unirá a tu célula durmiente de seguidores y algún día te devolverá el favor. En el trabajo no existe la caridad, y si pierdes el tiempo ayudando a cualquier zoquete que lo necesite, tu jefe va a pensar que te sobra el tiempo. Dosifica la ayuda que prestas en el entorno de tu empresa y el sector sólo a cambio de un favor en el futuro; malgastar tus cupones con el subnormal que tenías como compañero de habitación en la universidad no entra dentro de esta definición.

cia a ti más allá de ese sentimiento cálido y autocomplaciente de superhéroe que te embarga cuando te convences a ti mismo de haber hecho la buena acción del día? Pues bien, en nada, a menos que hagas que tus esfuerzos lleguen a oídos de alguien importante. Como es el caso de tu jefe y todos los jefazos que tienes en tu vida laboral, son quienes valorarán lo útil que eres. Aquí van algunas maneras sutiles de divulgar la buena acción del día:

- Si ya tienes la costumbre de presentar informes y sumarios de tu trabajo a tu supervisor, desliza una breve mención a tus méritos extras.
- Reconoce públicamente el mérito de la persona a la que ayudaste por haber conseguido acabar con éxito un trabajo difícil. De un modo elegante y sutil, esto dejará entrever tu participación y tus propios méritos en la realización del logro (véase la táctica n.º 26: «Comparte los méritos»). Envía un breve correo del tipo «Buen trabajo. Lo logramos» o di algo bonito a tu jefe o a su jefe acerca de lo bien que ha realizado el trabajo.
- Como haces con cada proyecto que realizas, dentro y fuera de tu campo de responsabilidades, lleva un registro de todos tus esfuerzos (véase la táctica n.º 40: «Actualiza tu currículum»). Nunca sabes cuándo podrían venirte bien.

▶▶▶ *Fórjate una reputación de persona voluntariosa y dispuesta a ayudar.*
▶▶▶ *Ofrece ayuda de buen grado, pero elige sabiamente a quién ayudarás.*

37. TRABAJA DURO

Cada vez que escuchas esto te dan ganas de responder: «¿En serio? No me digas», pero esta vez no voy a permitírtelo. Y es que te quedarías atónito si supieras cuánta gente no se da cuenta de que es necesario incrementar la producción y trabajar a toda máquina cuando las cosas se complican. Algunos se quedan paralizados de ansiedad frente a lo desconocido, y en lugar de arrimar el hombro para apagar el fuego del granero se quedan ahí parados con la boca abierta y un cubo vacío en las manos.

Seamos sinceros. La mayoría de nosotros no sabe lo que es

LA DIFERENCIA ENTRE EL TRABAJO Y EL TRABAJO DURO

- ▶ Este último supone trabajar más. El trabajo duro es el resultado de la presión para alcanzar ese veinte por ciento extra en la producción.

- ▶ Exige máxima concentración. Un veloz aumento de la producción y una dedicación ininterrumpida hasta haber acabado, sin distracciones.

- ▶ Hacerlo ahora y no más tarde. El trabajo habitual se caracteriza por las pérdidas de tiempo y las dilaciones. El trabajo duro lleva una urgencia apremiante incorporada. En cada ocasión. Siempre. Sin excepción.

- ▶ Hacerlo bien y no apresurarse por terminarlo. Tú no te andas con prisas para acabar un trabajo; más bien te tomas tu tiempo para hacerlo bien. El trabajo duro es de un nivel superior.

el trabajo duro. Ese que hicieron nuestros abuelos, construyendo muros de piedras con las manos o haciendo dobles turnos en las fábricas. Creemos que quedarnos un par de noches hasta tarde o ir un sábado a la oficina de tanto en tanto nos convierte en adictos al trabajo. Ni hablar.

No estoy diciendo que la cantidad de horas que te pasas en la oficina sea lo que más cuenta. Es la combinación de cantidad y calidad respecto al trabajo que produces —sobre todo en comparación con la gente que trabaja contigo— lo que refleja tu valor como empleado. No es tan fácil apreciar el trabajo duro que realizas cuando son épocas de vacas gordas y Recursos Humanos no puede contratar trabajadores con la suficiente continuidad para que la faena no se acumule. Pero cuando llega la hora de ajustarse el cinturón, tu ética laboral y tu productividad están a la vista, así que aprovecha la ocasión.

Hoy día hay cinco tipos de empleados:

1. Los que trabajan duro, más de la cuenta, sin quejarse.
2. Los que trabajan duro y se quejan.
3. Los que no se esfuerzan y se escaquean.
4. Los que tienen como jefe a su papá o a su mamá.
5. Los que se acuestan con el jefe o la jefa.

Los que pertenecen a los grupos 2 y 3 serán despedidos. Los de los grupos 4 y 5 seguro que no. En cuanto al grupo 1, bueno, ahí tienes que estar tú.

¿En qué consiste el trabajo duro? Plazos que se respetan sea como sea, expectativas que siempre se superan, una marcada ausencia de indecisión, un propósito claro y motivación en tus esfuerzos, y una pregunta que debes formularte por lo menos una vez al día: «¿Qué más puedo hacer?» Nadie debería verte echando un vistazo a una subasta en eBay sólo porque tengas unos «minutillos libres». En el trabajo no existe el tiempo libre.

Por muy duro que trabajes, necesitas hacer muchísimo más que eso para blindar tu puesto de trabajo (véanse las tácticas n.º 1 a la 36 y de la 38 a la 50). Así que digamos que eso es lo menos que deberías hacer.

> ▶▶▶ **Haz que te conozcan por ser el que trabaja más que el resto.**
> ▶▶▶ **Demuestra que posees energía y tenacidad para acabar la faena.**

38. AYUDA A MEJORAR EL SALDO DE TU EMPRESA

Ésta es una táctica de blindaje que posiblemente te salve aun cuando hayas hecho mal todo lo demás. Y no te apresures a replicar que es más fácil decirlo que hacerlo. En el trabajo cualquiera puede hallar la manera de ayudar a reducir costes o aumentar los ingresos. Es como encontrarse dinero y dárselo a tu jefe. Yo sé que dudaría en despedir a un completo idiota si me estuviera metiendo dinero en el bolsillo. Los resultados son los resultados.

No hablo de descubrir oro o inventar el próximo post-it. Careces de tiempo y recursos para eso, como cualquiera que esté luchando por mantenerse a flote. En realidad es tan simple como hallar el modo de economizar unos céntimos o localizar una fuente de ingresos que no requiera inversión de capital. Cuando en casa andáis escasos de dinero, ¿qué hacéis? Recortáis cupones, dejáis de ir a cenar fuera, montáis una liquidación casera en el jardín, os deshacéis de los juguetes caros, compartís coche para ir a trabajar. En el trabajo puedes descubrir diferentes formas de ajustes que serán beneficiosas en el saldo. Es ese número mágico por el que tu jefe se hace responsable, y como sea que tú le ayudes a mejorarlo lo estarás haciendo quedar bien. Recuerda: ése es tu principal cometido tanto en los buenos tiempos como en los malos, hacer quedar bien a tu jefe.

Así que está en tus manos descubrir nuevas formas de ahorrar y escatimar gastos, como asimismo de hurgar en la basura en busca de nuevos ingresos. Una vez que las tengas, regálaselas a tu jefe con un gesto triunfal y sal a recibir los aplausos.

UNA HISTORIA REAL

Todos los años, Sarah, una ejecutiva de Recursos Humanos, conseguía que su jefe la apuntara a un congreso al que a ella le gustaba asistir para adquirir «aptitudes de liderazgo». Esta excursión por lo general costaba un par de miles de dólares, pero como la mayor parte de los gastos estaban financiados por un patrocinador ajeno a la empresa, Sarah siempre interponía una petición y siempre conseguía ir. Un año, sin embargo, su empresa estaba avanzando con dificultad por un camino lento y tortuoso en medio de una economía decreciente, y los recortes de presupuesto fueron considerables. Su jefe la retiró de su puesto y finalmente la echó. El problema no era el dinero; era que Sarah no entendía la mala imagen que daba al pedir que la siguieran enviando a un crucero de capacitación de liderazgo de tres días (¡!) cuando toda la empresa había sufrido un recorte presupuestario.

A continuación, algunas ideas que en ningún caso son exhaustivas, pero que te ayudarán a ver que hay toda clase de pistas para explorar.

Lo primero, la mejor manera de hacer una aportación al balance final de la empresa es protegerla. Básicamente, quiere decir hacer todo lo posible para que los clientes de tu cartera estén satisfechos y no se vayan. Y si bien eso no te hará merecedor del reconocimiento que supone descubrir dónde está ahora la pasta, es de tu incumbencia hacer todo lo posible para que los clientes actuales estén contentos. En tiempos difíciles son ellos los que mantienen tu empresa a flote.

En la categoría de recorte de cupones, investiga para ver qué gastos de material pueden ser suprimidos. Empieza con aquellos gastos por los que tú eres responsable, como todo lo que imputas a gastos de representación o el trabajo que mandas a hacer fuera y del que tú podrías encargarte. Si estás familiarizado con el presupuesto que maneja tu sección, échale un vistazo y piensa algunas opciones. En caso contrario, mira a tu alrededor. En estos momentos tu empresa no tiene por qué suministrar gratuitamente ese café de Costa Rica tan caro, ¿no es así? Piensa como lo haría tu madre. Te garantizo que encontrarás algo de calderilla debajo de los cojines del sofá.

Averigua la manera de compartir gastos con empresas en colaboración y no competitivas: publicidad, espacio de oficina, incluso aquellos empleados que tu empresa no quiere despedir. Si realizas descubrimientos de este tipo que den buenos resultados, tu jefe te amará.

Piensa en una nueva forma de vender las mercancías de tu empresa. ¿Podéis reorientar vuestros productos y servicios u ofrecerlos en un paquete distinto para atraer a otro tipo de cliente, quizás a aquellos con un presupuesto más pequeño? Por ejemplo, si normalmente ofrecéis un servicio de estudio de mercado con una tarifa fija, piensa en ofrecer también un servicio por horas para despertar el interés de nuevos clientes.

Participa en un *brainstorming* para la creación de un nuevo plan de marketing. Cuando hay poco movimiento en el negocio, dispones del tiempo para el marketing que (por equivocación) no le dedicabas cuando había mayor actividad. Incluso si no eres un empleado del departamento de Marketing, es un buen momento para pensar como uno de ellos. Todas las ideas nuevas serán bienvenidas.

Vuelve a tener en cuenta antiguas oportunidades. Como ya he dicho, las buenas épocas son malas para ti en términos laborales. Te olvidas de cómo adelantarte con cada iniciativa y sacar la máxima ventaja. Los tiempos de vacas flacas deberían servir para que te replantees tu propio modelo de negocio. Retoma aquellas oportunidades que dejaste pasar (quizás antes, en los años de vacas gordas, te parecían muy poca cosa) y fíjate si puedes volver a reactivarlas.

Haz que tus clientes te ayuden a descubrir nuevas oportunidades. Una cartera satisfecha puede ser la mejor fuente de nuevas iniciativas. Selecciona a los mejores clientes e intenta conseguir sus favores. Y trátales más que bien (vuelve a leer lo expuesto anteriormente en relación al cuidado de tus clientes actuales).

> ▶▶▶ **Ayuda a tu empresa a ahorrar dinero o descubre nuevas formas de obtener ingresos.**
> ▶▶▶ **Que se note que eres frugal.**

GRÁBATELO

Ser útil exige un compromiso que te desplaza de tu acogedora zona de tranquilidad (¿pereza?) y te introduce en una estado del tipo «sin parar» que recuerda bastante a tu madre trajinando por toda la casa y cocinando y limpiando y haciendo esas tarjetas con forma de pequeños sombreros para poner en la mesa el día previo a Acción de Gracias. No es un trabajo productivo, pero seguro que ella se mantiene ocupada. Esa misma diligencia admirable y llena de energía es la que tu jefe debería observar en ti cada vez que te mira.

Te he indicado algunas maneras de dar un paso al frente y ser la viva imagen del trabajo arduo y la diligencia.

- ▶ Ofrécete como voluntario para ejercer de mentor o formador. No seas tacaño cuando se trate de compartir tu trabajo o echar una mano.

- ▶ Pon a disposición tu talento particular como asimismo un amplio conjunto de aptitudes útiles. Toma la iniciativa, asume la responsabilidad por tu trabajo.

- ▶ Haz quedar bien a tu jefe, ahórrale dinero a la empresa, déjate la piel trabajando.

Todo lo que debes hacer es mirar a tu alrededor para ver que hay muchísimo por hacer. Blinda tu puesto de trabajo siendo el único al que tu jefe ve haciéndolo.

4

ESTAR PREPARADO

Si crees que blindar tu puesto de trabajo aumentando la visibilidad, la amabilidad y la utilidad se parece a llevar un maquillaje vistoso, entonces estar preparado se parecería más a limpiarse los dientes con hilo dental. No es nada llamativo. Ni siquiera se aprecia a simple vista, a menos que, desde luego, no lo estés. Pero es absolutamente vital disponer de una mentalidad diaria que te permita estar preparado ante cualquier eventualidad. Si estás siempre listo te comportas con una seguridad que te ayuda a prosperar cuando todo va bien y a caer de pie cuando tropiezas por el camino.

Si bien Hacerse visible, Actuar con tranquilidad y Ser útil tienen que ver con tácticas y conductas específicas que deberías adoptar en el contexto laboral, Estar preparado abarca tácticas focalizadas en el mantenimiento de tu profesión a largo plazo. Y pese a que siempre he sostenido que tu profesión es tu trabajo y viceversa, visto desde la preservación hay un punto en el que tu objetivo inmediato (conservar el trabajo que ya tienes) y tu meta a largo plazo (una vida estable y una progresión ascendente continua en cuanto a responsabilidades, posición e ingresos más allá de cualquier situación laboral) se cruzan. Puede que perseguir el objetivo inmediato sin tener presente al mismo tiempo tu meta a largo plazo no fortalezca la seguridad laboral que te servirá para abrir las puertas del futuro. Dicho en otras palabras, ahora estás esquivando una bala, pero puede que mañana la palmes por una enfermedad cardiaca.

Estar preparado te da confianza en ti mismo, y la confianza te otorga presencia, lo que resulta atractivo para todo el mundo. Los colegas de profesión gravitarán a tu alrededor como en un sueño y hasta tu jefe se dejará influir por ti. **La confianza en ti mismo crea un poderoso campo de fuerza a tu alrededor que te protege tanto del entorno como de retos y amenazas futuras.**

39. MANTÉN UNA RESERVA EN EL BANCO

Una de las cosas más importantes que puedes hacer para blindar tu puesto de trabajo es tener dinero en el banco. Lo justo para cubrir los gastos de seis meses, fácilmente disponible en un certificado de depósito u otro instrumento de ahorro que te permita convertirlo en efectivo, y que no se toque para vacaciones, bolsos, tratamientos de belleza ni nada por el estilo. Si tienes más de cuarenta años, calcula una suma que te alcance para cubrir el valor de los gastos de todo un año, y si tienes más de cincuenta considera que más bien debes tener ahorrado el equivalente a dos años de gastos. (Lo siento, pero la discriminación por razones de edad existe y cuanto más viejo seas más tiempo te llevará encontrar un empleo.) Éstas son las sumas que, según aconsejan los asesores financieros, deberían mantenerse en reserva para salir de apuros en caso de que te quedaras sin trabajo. ¿Cómo te ayudarían esos ahorros a proteger tu empleo?

El dinero equivale a la confianza en uno mismo. Saber que pase lo que pase tienes cubierto el alquiler o la hipoteca te permitirá actuar con un interés estratégico a largo plazo por conservar tu puesto, ocuparte de tu jefe y prestar servicio a tu empresa, y no por la desesperación de cobrar el próximo sueldo. Si el dinero deja de ser una preocupación inmediata, te concentrarás inevitablemente en todas las acciones necesarias para proteger tu puesto de trabajo que de otro modo te habrían parecido demasiado arriesgadas, como hacerte escuchar, tomar la iniciativa o compartir los méritos de tu trabajo. Cuando no tengas miedo por razones económicas de perder tu empleo, te reprimirás menos a la hora de hacer todo lo necesario para conservarlo.

Tener dinero en el banco también te da opciones. Si bien

ACUMULANDO EFECTIVO

Apartar una cantidad de dinero para cubrir los gastos de seis meses al principio puede parecer un reto difícil, y a nadie le gusta ajustarse el cinturón y sentirse, ya sabes, pobre. Pero es mejor sentirte un poco pobre mientras engordas tu cuenta bancaria que verte en una situación paupérrima cuando te han puesto de patitas en la calle y no tienes dónde caerte muerto. No voy a decirte de qué privarte y de qué no; tú sabes muy bien cuánto te gastas en música, taxis, cócteles caros y artilugios que cuestan una pasta. Haz lo que hace la gente que está a dieta: toma nota de todo lo que «consumes» y empieza por suprimir algunas cosas. Y perdona por hablarte como tu madre —una vez más—, pero con eliminar sólo unos pocos gastos cada mes tus ahorros crecerán rápidamente.

tu objetivo principal es defender el trabajo que ahora tienes, la certeza de que podrías largarte si tuvieras que hacerlo y aun así seguir pagando tus recibos debería proporcionarte una íntima sensación de seguridad y un visible aire de orgullo y autosuficiencia que deja entrever que tienes confianza en tus capacidades y un futuro por delante. Una chica que tiene en la lista negra a montones de tíos que quieren salir con ella exuda una seguridad en sí misma que atrae a todos los demás tíos como la hierba gatera. Aprovecha tu seguridad económica para sentirte con la confianza de un millonario cada vez que tomes asiento en tu escritorio.

Tener dinero guardado también te permite indagar en otras opciones profesionales en el momento oportuno, tanto

PREGÚNTATE

Mientras actualizas tu currículum, toma distancia y valóralo desde el lugar de quien lo lee. Asegúrate de que estás poniendo lo mejor de ti mismo. Pregúntate:

- ▶ ¿Resulta sencillo diferenciar cada uno de mis empleos anteriores, los períodos de trabajo y mis funciones?

- ▶ ¿Queda claro qué tipo de trabajo es el que más me gusta?

- ▶ ¿Demuestran mis trabajos anteriores que estoy capacitado para el puesto que ahora deseo ocupar?

- ▶ ¿Utilizo verbos transitivos?

- ▶ ¿He resaltado en negrita mis logros cruciales?

si quieres coger otro trabajo como cambiar de profesión, volver a la universidad o empezar con tu propia empresa. Puede que a la larga tu carrera se vea más favorecida por una nueva experiencia que quedándote allí donde estás. Tener dinero en el banco te preparará para dar el gran salto en la dirección que prefieras una vez que estés listo.

Una cosa más. Cada vez que la economía empieza a tener mal aspecto, le digo a todo el mundo que se deshagan de sus tarjetas de crédito. Aun si no tienes deudas, no es el momento de endeudarse. Es el momento de apuntalar y velar por una máxima seguridad económica ante cualquier eventualidad. Y si estás endeudado, piensa seriamente en salir de ese aprieto. Olvídate de los extravagantes regalos navideños o de cualquier cosa que vaya a hundirte aún más. Y aprovecha el deterioro económico para refinanciar tu deuda en términos más favorables.

▶▶▶ **Prepárate económicamente para capear el temporal.**

▶▶▶ **Cancela tus deudas cuando la economía entre en un período de incertidumbre.**

40. ACTUALIZA TU CURRÍCULUM

La mejor época para actualizar tu currículum es cuando no estás moviéndote para ocupar un nuevo puesto. Pulirlo con regularidad te asegurará que siempre tengas listo un currículum impecable y te colocará en una posición óptima para ir a la

> ### TU DOSIER
>
> Tu departamento de Recursos Humanos tiene un expediente personal a tu nombre que contiene tu currículum, tu evaluación de rendimiento y otros méritos y apercibimientos, pero ¿qué tienes tú en tu dosier? Crea un expediente profesional que contenga tu currículum, copias de diplomas y premios, cartas de felicitación y agradecimiento y cualquier papel que mínimamente acredite una palmadita en la espalda, también conocidos como «certificados de éxito». Guarda las «cartas de los admiradores» y cuando llegue el momento acude a quienes te las escribieron para pedirles que te den referencias. Disponer de notas que te recuerden a ti y a ellos qué es lo que te hace tan estupendo puede ser de gran ayuda para empezar.

caza de nuevas oportunidades que no tardarán en surgir, sin necesidad de hacer una revisión general para reflejar los últimos años de tu historia profesional.

Más o menos cada dos meses saca tu currículum y échale un vistazo para comprobar si tu situación laboral actual está reseñada con exactitud. ¿Has añadido tus nuevas responsabilidades? ¿Has adquirido nuevas aptitudes o certificados que deberían incluirse? ¿Has cumplido objetivos importantes o recibido un reconocimiento por logros particulares? Por mucho que hoy lo recuerdes todo perfectamente, si pasas demasiado tiempo sin actualizar tu currículum es posible que tengas problemas para cuantificar tus logros o recordar cuándo fue exactamente que te ascendieron.

Y no te olvides de pararte a pensar y considerar que con el tiempo tus objetivos profesionales también pueden cambiar. Eso es algo que debería figurar en tu currículum. Si empezaste en marketing pero luego fuiste descubriendo que tu pasión son las ventas, por ejemplo, asegúrate de señalar tus éxitos en materia de ventas, incluso los más modestos. Si aspiras a ser un alto ejecutivo, corrige tu currículum a fin de destacar tu liderazgo y triunfos en el campo de la dirección, y no necesariamente tu participación activa. Todo lo que incluyas —y lo que no incluyas— en tu currículum debería hacerle ver a quien lo lee un amoldamiento entre el trabajo que quieres y la trayectoria profesional que describes.

A medida que añadas nuevas aptitudes y experiencias laborales, asegúrate de borrar los trabajos antiguos o irrelevantes. En general, cualquier experiencia con más de quince años de antigüedad debería ser eliminada o minimizada, a menos que sea algo que valga la pena resaltar. Esto podría comprender una función con personal a cargo, o una experiencia directamente relacionada con el trabajo que ahora deseas realizar, o un premio que te convierta en una persona definitivamente cualificada para ocupar el puesto. Puedes seguir suprimiendo otros datos relativos al instituto o tu promedio en la universidad, sobre todo si tienes más de veinticinco años. Ser el presidente del comité social de tu hermandad tiene que haber sido la bomba, pero tu futuro jefe no necesita saberlo.

Siguiendo con lo mismo, si tienes un conocimiento informático a nivel de usuario —que dominas las aplicaciones del Microsoft Office, vamos— no hace falta que lo menciones mientras estés por encima del nivel básico. Si tu capacitación en este campo es digna de destacar —digamos que manejas un complejo programa de contabilidad— échale morro y presume de ello. Si tienes un nivel júnior, ponlo en el currículum. Si tienes un nivel de alto ejecutivo, menciónalo en el momento apropiado en el caso de que te entrevisten para un nuevo puesto. Y si tienes un nivel júnior y ambicionas ocupar el puesto de un alto ejecutivo, encuentra la manera de alardear sin hacerlo constar en el currículum. De otro modo te quedarás en el nivel júnior gracias a las funciones de búsqueda y clasificación de los programas de revisión de currículum.

Por último, asegúrate de llevar tu currículum actualizado a cada evaluación de rendimiento. Dile a tu supervisor que crees que sería de gran utilidad para el proceso de evaluación si juntos refrescaran la memoria acerca de tu historia laboral. Te sorprenderías de lo sorprendido que quedaría al ver cómo han aumentado tus capacidades y tu experiencia según refleja tu currículum. Para tu jefe siempre es satisfactorio comprobar cuán lejos has llegado y cuánto vales; verlo por escrito. Por otro lado, comprobar que tienes un currículum impecable y actualizado puede poner un poco nervioso a tu jefe. Nervioso en el buen sentido, induciéndole a querer proteger la inversión que supone su valioso empleado.

También deberías compartir tu currículum actualizado con un nuevo jefe o supervisor recién llegado a tu departamento. Es una forma eficaz de presentarte y de darle una idea clara de tu trayectoria profesional y de lo que eres capaz. Deja bien sentado que lo compartes por cortesía, una especie de lectura simplificada sobre tu carrera que le ahorrará al nuevo jefe la inquietud de averiguar quién eres y qué haces.

▶▶▶ **Ten siempre preparado un currículum excelente y actualizado minuto a minuto.**

▶▶▶ **Lleva un expediente minucioso de todos los certificados de éxito para respaldar tu currículum.**

41. ENTABLA UNA RELACIÓN CON UN CAZATALENTOS*

Al igual que la actualización de tu currículum, el inicio de una relación con un cazatalentos es una táctica que conviene ejercitar cuando no estás buscando trabajo. Eso se debe a que cuando realmente necesites su ayuda te costará arrancar. Un buen entendimiento mutuo y prolongado con un cazatalentos al que posiblemente tendrás que acudir demandando sus servicios es tu mejor defensa blindada y tu mejor ataque para el futuro.

En primer lugar, seamos claros respecto a la dinámica. Un cazatalentos trabaja para empresas que buscan gente para ocupar determinados puestos. Así es como funciona, trabaja para esos clientes, no para ti. En ese sentido, es como un agente inmobiliario; tú eres el comprador y él representa al vendedor. Cuando un agente inmobiliario te vende una casa, cobra un porcentaje del vendedor. De la misma manera, un cazatalentos le factura a la empresa contratante por conseguirle a alguien idóneo para ocupar la plaza, no por conseguirte trabajo a ti. Eso no significa que no sea un contacto útil a corto y largo plazo, o que no vaya a hacer todo que lo esté a su alcance para representarte si eres un gran candidato para el puesto vacante. Sólo significa que para él lo primero son sus clientes, no tú.

Dicho esto, si empiezas una relación con un cazatalentos astuto que se especializa en tu campo profesional, alguien con quien conectes de verdad, podría ser un contacto sumamente beneficioso. Concretamente, cuando él se entere de un traba-

---

* En algunos países se les conoce directamente por su nombre en inglés: *headhunter*. (N. del T.)

jo fabuloso que te convenga, pensará primero en ti. Ganas tú, gana él, ganan todos.

Un buen cazatalentos conocerá al dedillo tu especialidad y las empresas para las que trabaja, y estará familiarizado con los detalles del puesto vacante. No tendrá la tentación de realizar una búsqueda que no sea perfecta, porque él sólo se beneficia cuando su búsqueda es un éxito tanto para el empleador como para el empleado. Al mismo tiempo será una persona en la que tú puedas confiar, alguien con quien tengas una buena química personal, y cuya inteligencia e instintos merezcan tu admiración. ¿Cómo encontrar a la pareja de tus sueños?

Hay cazaejecutivos eventuales que cobran un honorario sólo después de haber colocado a alguien en el puesto ofrecido por el cliente. Los que trabajan con anticipo cobran progresivamente para realizar la búsqueda y presentar candidatos

PARA QUE LO SEPAS

Como cazaejecutivos, siento un inmenso respeto por todos los profesionales del campo, desde el personal de Recursos Humanos hasta los asesores laborales, pasando por los especialistas en currículum y muchos otros. Lo que no acabo de concebir es la existencia de «orientadores profesionales». Eso queda para los niños. ¿Por qué no te buscas un psicólogo decente o un buen barman? Contratar a alguien para que te oriente respecto a tu profesión es como pagarle a un amigo para que te dé un consejo. Es ridículo pensar en un adulto que necesita que le orienten. Me sugiere una especie de inmadurez e inseguridad que encuentro desagradable. A ver, ¿qué harías tú si tu cardiocirujano de cuarenta y cinco años te dijera que está trabajando con un «orientador cardiaco» que le da consejos sobre cómo debe operarte? Espeluznante. Ya es hora de crecer, de averiguar qué se te da bien hacer, y hacerlo de una vez.

capacitados para el puesto o varios puestos en representación de la empresa. Ambos se especializan en sectores industriales específicos, de modo que empieza por encontrar a los que se ajusten a tu perfil. Has de saber que los cazatalentos que trabajan con anticipo rara vez te entrevistarán si no tienen un encargo concreto acorde a tu perfil, así que no te ofendas si se rehúsan.

El reclutamiento es una actividad que se alimenta de la información: cotilleos, para ser más preciso. Primicias internas sobre la gente que se va y la que despiden, puestos recién creados, reorganizaciones. Así que cuando hayas dado con uno que te guste, la mejor manera de que te tenga en cuenta es sirviéndole como una fuente fiable de noticias, nombres de candidatos para el puesto que está tratando de rellenar y clientes potenciales para futuras búsquedas. De este modo, el día que estés disponible en el mercado o él tenga algo interesante para ti, tú serás el primero de su lista.

▶▶▶ **Hazte amigo de un cazatalentos del sector.**

42. MEJORA TU HABILIDAD PARA HACER CONTACTOS

Hace tan sólo unas décadas, el término *network* se refería a una de las tres cadenas televisivas que podías ver. Ahora, convertido en verbo, se refiere a «hacer contactos», una táctica inconmensurablemente vital en el objetivo de blindar tu puesto de trabajo a corto y largo plazo. En su nivel más básico, hacer contactos consiste en moverte para ocupar una posición que te permita relacionarte con gente (¡y llegar a conocerles!) que en última instancia pueda llegar a influir en tu carrera profesional. En pocas palabras, la supervivencia y la proyección en el mundo laboral dependen siempre de tener una lista sustancial de relaciones profesionales. Hacer contactos depende a su vez de un estado de ánimo: estar abierto constantemente a la posibilidad de que la persona con la que te cruzas en el ascensor o coincides en la cola de un restaurante pueda ser tu próximo cliente o incluso tu nuevo jefe. Y mantener este estado de ánimo —siempre y en cada ocasión— es parte de la tarea de hacer contactos, crucial para conseguir un empleo y conservarlo.

¿Así que evitas hacer contactos porque te sientes un poco incómodo al mezclarte con gente que no conocías de antes? Genial. Pues se supone que ese tipo de situación debería impulsarte a abandonar la rutina, ponerte en contacto con los demás y ser creativo a la hora de interactuar. Sé uno de los que se presentan dando un apretón de mano enérgico (véase la táctica n.º 12). Sé el que lleva la conversación más allá del «Hola, ¿qué tal?». Sé el que se fija como objetivo conocer gente nueva allá donde va. En el fondo hacer contactos es cosechar relaciones que tendrán un valor duradero y a menudo imprevisto a medida que avanzas en tu profesión.

¿De qué está compuesta exactamente la red de contactos que estás tejiendo? Una amplia variedad de gente que incluye tanto a los que trabajan en tu campo y tu sector como a otros que están en actividades relacionadas o desligadas, quizá gente que comparte tus mismos intereses fuera del ámbito de trabajo, y hasta otra que conociste por azar en tu día a día. Las personas más influyentes y útiles son por lo general las que se desempeñan en y en torno a tu campo de actividad, pero no es nada raro que uno de afuera se convierta en el contacto más eficaz dentro de tu amplia red. Eso se debe a que hacer contactos está ligado sólo en parte al trabajo que uno realiza para subsistir; el resto depende de qué clase de persona es el otro y si promete ser un buen enlace.

Tal vez pienses que cuando vas a un congreso y te entregan un millar de tarjetas de visitas estás haciendo contactos. Son sólo tarjetas, no personas. Tienes que profundizar más, llegar a conocer a la persona cuyo nombre figura en la tarjeta que tienes en la mano y determinar si es alguien a quien puedas recurrir algún día, y, por supuesto, alguien a quien puedas ayudar. Es verdad que en un primer encuentro no puedes saber a ciencia cierta si alguien será un contacto fructífero, pero puedes extraer un montón de pistas de la primera conversación e ir acumulándolas para más adelante. Y cuando hagas un seguimiento de ese primer encuentro —lo cual es tu obligación— tendrás más pruebas y sabrás si merece la pena dedicarle tiempo y atención a esa persona.

Envíale un correo electrónico diciéndole que te encantó conocerle y recordándole vuestra charla. Si la distancia os lo permite, podréis quedar para comer o tomar una copa y así afianzar vuestro vínculo en el caso de que os siga pareciendo prometedor. Y mantente en contacto, aunque sólo sea una vez por mes para decirle «¿Qué tal, cómo estamos?» o transmitirle fragmentos de noticias que podrían interesarle. No dejes enfriar una relación por no cuidar de ella una vez que se ha entablado. Si lo haces, cuando quieras acudir a esa persona porque lo necesitas, el contacto ya habrá caducado.

Ten presente que hacer contactos es un toma y daca. Por cada persona que incluyes en tu red de contactos pensando en que puede serte útil, debes contar también con la posibilidad de que ella te utilice como recurso. De modo que cuando es-

> **CONÉCTATE**
>
> Facebook, LinkedIn y otros sitios web de redes sociales y profesionales son un medio importante para compartir noticias, perspectivas profesionales e información de contacto con gente de tu campo. En estos lugares de encuentro, en donde la gente a menudo se siente más libre para compartir sus opiniones y el día a día en el trabajo, pueden entablarse relaciones personales, influyentes y duraderas. También pueden cometerse errores cuando uno se siente lo bastante cómodo para mostrarse tal como es entre sus colegas de profesión. De modo que crea una página inteligente y bien lograda que transmita lo mejor de ti. Poner información personal inapropiada sobre ti mismo casi siempre te perjudica más de lo que te favorece, en un sinfín de maneras, una de las cuales podría ser que tu jefe le echara un vistazo a la página y te despidiera. De hecho, los empleadores suelen entrar en estos sitios de redes para saber qué andan haciendo sus empleados, así que no cuelgues el vídeo de los juegos de borrachera de tu viaje a Cabo. Hazme caso.

tés considerando si alguien vale o no vale para tenerle entre tus contactos, piensa también si tú estarías dispuesto a ofrecerle algo en compensación. No seas reacio a dejar que se debilite una relación que carece de valor o química. Cuando se trata de tu red de contactos, es mejor hilar fino.

Hacer contactos no es salir por ahí a tomar unos cócteles con tus compañeros después del trabajo y rajar del jefe. Tienes que frecuentar lugares nuevos donde aumenten tus probabilidades medias de ampliar tu lista de personas favoritas. Ni que decir tiene que son obligatorios los encuentros de asociaciones profesionales, congresos empresariales, cenas y eventos relacionados con el trabajo. Considerando que hasta el momento puede que hayas desestimado todas estas oportunidades para dar prioridad a esas clases de *spinning* que tanto te gustan, déjame decirte que si te tomas en serio lo de blindar tu puesto de trabajo tienes que empezar a asistir a estos actos. Hacerse ver es el primer paso. Luego hay que ver cómo le sacas partido.

Hacer contactos constituye una parte enorme de mi trabajo diario, y para ello tengo unas pocas «exigencias» que cumplo religiosamente. Siempre añado nuevas personas a mi lista de contactos inmediatamente después de conocerlas. Me impongo firmemente volver a verlas para tomar una copa o un café en el plazo de los dos meses posteriores, si es que son de la ciudad. Si viven lejos, les escribo un correo electrónico para consolidar la relación. Me exijo conocer por lo menos a seis personas nuevas en cada evento al que asisto. Y en estas ocasiones nunca bebo alcohol. Estar dos horas sin beber es fácil; lo difícil es compensar dos horas perdidas de oportunidades para hacer contactos por no estar muy fino.

Una vez en el evento, no seas momia. No te aísles en un rincón ni pases toda la noche con tus compinches. Si no les tiendes la mano a los desconocidos, no estás haciendo contactos. En lugar de eso preséntate a la gente que está sola y que quizá no conoce a nadie en la sala. Pregúntales cómo se llaman, dónde trabajan, qué hacen, dónde viven, si conocen a alguien que tú conoces (véanse las tácticas n.º 11 y 12: «Amplía tu círculo» y «Preséntate»). Encárgate de que fluya la conversación, y después intenta convertir tu pareja en un grupo de tres o más personas para que todos puedan sacar provecho conociéndose. Practica tu discurso para venderte (véase la táctica n.º 12: «Preséntate»), y también presta atención a la publicidad que hacen de sí mismos. Si una persona sabe venderse es un indicio positivo y demuestra que es un candidato interesante para tu red de contactos.

MI PROPIA HISTORIA REAL

En ocasiones todos tus planetas colisionan felizmente si eres un fenómeno de los contactos, como lo soy yo. El libro que ahora estás leyendo es una prueba de ello. Primero conocí a una alta ejecutiva de la editorial Harper Collins —quien adquirió este libro hace años— cuando era la productora de un destacado programa televisivo de la mañana en el que yo colaboraba como especialista de la vida profesional. Cuando la propuesta de este libro ya estaba circulando por algunas editoriales interesadas, recuerdo que ella había dado el salto de la televisión al mundo editorial y que le envié un mensaje vía Facebook para informarle de mi proyecto. Al igual que yo, ella recibe un millar de correos cada día, pero los mensajes de Facebook aparecen resaltados, de modo que ella me respondió enseguida diciendo que quería ver mi propuesta. En medio del febril interés por parte de varios editores, *Cómo blindar tu empleo* fue adquirido por Harper Collins tres días más tarde, en gran medida debido a la solidez de una prolongada relación entre esta ejecutiva y yo, y en menor medida por la manera en que un sitio web de redes sociales como Facebook puede facilitar valiosos contactos en tiempo real.

Cuando la conversación empiece a relajarse, resiste la tentación de convertirte en la puta de las tarjetas de visita. No empieces a empapelar la sala con tus tarjetas y a llenar tus bolsillos con las de los demás. Limítate a intercambiar tarjetas con aquellas personas con las que piensas seguir en contacto o esperas volver a cruzarte en otra ocasión. Y si al llegar a casa vacías tus bolsillos y encuentras una tarjeta de alguien a quien no recuerdas, ¿sabes qué? Que no ha hecho lo bastante por impresionarte. Pero ¿sabes otra cosa? Que si alguien más encuentra tu tarjeta en su bolsillo y no se acuerda de quién eres, es que tú tampoco te lo has currado. Así que trabaja más en ello.

Por último, es perezoso y poco ingenioso de tu parte pensar que los encuentros de profesionales son las únicas ocasiones para hacer contactos. Un estafador ve en cada persona con la que se cruza un posible blanco. Parece violento, pero como hombre de contactos también deberías actuar así. El tipo de la empresa de mensajería, la persona que está haciendo cola a tu lado en el aeropuerto, el hombre sentado junto a ti en el partido de béisbol, la mujer de enfrente que espera para entrar al lavabo en el teatro, todos ellos pueden ser la fuente de un valioso contacto. Abre tus ojos y tu mente a las posibilidades que afloran en cada persona que te encuentras.

▶▶▶ *Tómate en serio la tarea de hacer contactos a diario.*
▶▶▶ *Crea una red que sea un recurso a largo plazo.*
▶▶▶ *Cuida tu cosecha de contactos arrancando las malas hierbas, regando los frutos y sembrando el suelo.*

43. AYUDA A TUS CONTACTOS

La idea de hacer contactos puede parecer un poco mercenaria, dado que aconseja el uso agresivo del círculo de amistades o conocidos de otra persona en beneficio propio. En efecto, una red de contactos eficaz te brinda acceso a los contactos de los demás, pero tienes que estar dispuesto a dar tanto como recibes. Incluso a darlo antes de recibir.

Aquellas personas inoperantes que se dedican a hacer contactos enfocan el proceso a la inversa, demandándote favores antes de aprender a pronunciar tu nombre. Son los que olfatean qué utilidad puedes tener para ellos y no se cortan un pelo en pedirte ayuda.

Aquellas personas eficaces que se dedican a hacer contactos no intentan analizar en qué medida puedes ayudarles, más bien quieren saber cómo ellos pueden ayudarte. Lo primero que hacen en concentrar la mirada en el otro.

Cuando te concentras en ayudar a tus contactos, tu reputación y credibilidad aumentan. Dejas bien claro que no eres un gorrón, y así vas ganando altura mientras los de tu entorno te perciben como el hombre que posee la información, al-

UNA HISTORIA REAL

Hace algunos años conocí a Don, alto ejecutivo y padre de cuatro hijos cuya esposa acababa de sufrir un terrible accidente de tráfico. Para ser sincero, al principio me parecía que Don tenía cierta actitud de superioridad que no era precisamente encantadora. Poco después de conocerle, la empresa para la que él trabajaba fue puesta en venta y él se quedó en la calle, sin poder encontrar trabajo durante más de un año. Cuando me llamó, humillado a causa de aquel largo período de desempleo, lo puse en contacto con un antiguo cliente de quien casualmente sabía que tenía un trabajo perfecto para Don. No gané un duro por hacer de intermediario (fue un servicio gratuito), pero Don se convirtió en un embajador de buena voluntad y en un entusiasta promotor de mi persona y mi empresa, encaminándome hacia nuevos negocios y finalmente contratándome como consultor de vez en cuando. Don pasó a ser otro miembro de la célula durmiente de apoyo incondicional dentro de mi sector. Y también su jefe actual, por cierto, que siempre me estará agradecido por haberle conseguido un ejecutivo de su talla, y gratis.

guien con conexiones y nuevos enfoques que está más que dispuesto a compartir.

Ayudar a tus contactos abarca desde hacer que se conozcan personas de tu empresa o tu grupo de profesionales hasta anticipar oportunidades o indagar para obtener una información que alguien podría necesitar. Una persona recién trasladada a tu área puede requerir consejos para saber a qué asociación profesional le conviene afiliarse. Un compañero al que acaban de despedir puede necesitar pistas o recomendaciones para un nuevo empleo. La hija de tu director ejecutivo puede estar interesada en un programa de prácticas en la empresa para el verano. Siempre que repares en una necesidad, averigua la manera de ayudar a alguien poniéndole en contacto. De esta forma también estarás fortaleciendo tus vínculos en todas partes como asimismo tu credibilidad entre tus conocidos.

No esperes a que alguien solicite tu ayuda. Busca la forma de diseminar entre tus contactos toda clase de pistas, información y cotilleos que ellos puedan encontrar útiles. Envíales artículos punteros o informes del sector que pudieran ser de interés. Recomiéndales a proveedores que te hayan prestado un servicio excepcional. Haz circular un listado de ofertas de empleo interesantes si alguien se halla en plena búsqueda. Eso demuestra a tus amigos y conocidos que siempre les tienes en tus pensamientos y que pueden contar contigo al instante.

Todo esto no es más que el buen karma tradicional del ámbito de trabajo, y si de eso se trata a fin de cuentas te estás ayudando a ti mismo.

▶▶▶ **Sé un recurso lleno de entusiasmo y energía a lo ancho de toda tu red de contactos.**

44. PARTICIPA EN LAS ASOCIACIONES PROFESIONALES

A veces el trabajo es tan absorbente que lo último que deseas es unirte a un club o asociación para pasar el rato con gente que sólo quiere hablar de trabajo. Así es, las reuniones en las asociaciones profesionales tienen fama de contribuir de vez en cuando al aburrimiento y el entumecimiento mental. Por muy excitante que sea para ti el campo de la ingeniería, nadie se atrevería a decir jamás que el consorcio mensual de la Sociedad de Ingenieros es una especie de fiesta estudiantil con mucho alcohol. Pero lo cierto es que el tiempo que compartes con tus pares te ayuda a poner tu trabajo y tu profesión en perspectiva. Conoces a gente que se enfrenta a los mismos retos que tú, pero también a muchos que disfrutan del éxito que tú persigues. Y como te juntas con ellos fuera del ámbito de trabajo, surge una ocasión magnífica para interactuar y aprender

UNA HISTORIA REAL

Nick era un abogado especializado en asuntos de propiedad intelectual que trabajaba para una empresa mediana. Si bien no era socio del bufete, tenía un empleo bueno y seguro que agradecía pero que no lo motivaba. En un congreso anual de abogados de la Propiedad Intelectual al que rara vez deseaba asistir, Nick hizo buenas migas con Dev, que estaba en la junta directiva de una compañía Start-Up de nuevas tecnologías y andaba buscando financiación. Nick siguió en contacto con su nuevo amigo y seis meses más tarde recibió una llamada de Dev invitándole a embarcarse como el nuevo asesor jurídico de la compañía. Nick aceptó con entusiasmo.

de los demás en un entorno positivo que está libre de las intrigas de oficina y otras presiones cotidianas.

Participar en organizaciones profesionales es una de las maneras más eficaces de proteger tu puesto de trabajo de cara al futuro, ya que te permite estar al corriente de los rumores del sector, enterarte de quién contrata y quién despide, y acceder a otra información y opiniones que pueden ser muy útiles para tu empleo y profesión. Las asociaciones profesionales están compuestas de organizaciones precisamente vinculadas a tu área de trabajo (si aún no sabes cuáles son, Google te ayudará), así como a la Cámara de Comercio, el Club Rotario, el Lions y otras sociedades y grupos profesionales mixtos que comparten intereses orientados a la comunidad.

Sólo un idiota decide no mezclarse con la gente del sector o las asociaciones profesionales. Por lo general este idiota se convence a sí mismo quejándose del tiempo que le consumiría, el precio de la cuota o la molestia que le supondría tener que ponerse a hacer contactos en eventos y reuniones. Como he dicho, un idiota.

Si supieras que podrías...

- Aumentar tu red de contactos.
- Informarte sobre tendencias y novedades en tu campo.
- Conocer a mentores o especialistas que podrían ayudarte a ampliar tu experiencia o conocimientos.
- Aumentar tus credenciales profesionales.
- Realzar tu imagen profesional.
- Realzar la imagen de tu empresa.
- Averiguar en qué andan las figuras clave del sector.
- Averiguar qué se traen entre manos las otras empresas.
- Enterarte de nuevas oportunidades de trabajo en tu campo.

... ¿no te apuntarías ahora mismo? Afiliarse a una asociación profesional en tu campo es una inversión de tiempo y dinero que recuperarás con creces por medio de valiosos contactos e innumerables recursos que puedes explotar ya sea en tu trabajo actual o cambiando de trabajo.

Una vez que te afilies, no te quedes de brazos cruzados. Participa activamente. Asiste a las reuniones y congresos. Ofrécete como miembro de un comité o colabora con el boletín informativo de la asociación. Fíjate objetivos en materia de relaciones y cúmplelos. Mantén el contacto con la gente que conoces.

▶▶▶ **Aumenta tus credenciales profesionales y tu red de contactos participando en las actividades de las asociaciones profesionales.**

45. PUBLICA ARTÍCULOS Y REALIZA PRESENTACIONES RELACIONADAS CON TU ÁREA DE ESPECIALIZACIÓN

No hay una señal de «puesto blindado» más llamativa que un sitio reservado al frente de una sala de conferencias. O tu nombre resaltado encabezando un artículo en una publicación empresarial o en un periódico. La posibilidad de hacer presentaciones para tus colegas o escribir artículos para los profesionales del sector te otorga un reconocimiento como experto. Al mismo tiempo es un respaldo implícito a tu experiencia que tu jefe no puede pasar por alto.

NO TIENES QUE ESCRIBIRLO TÚ MISMO

Para mí es fácil decir: «Escribe un artículo», pero sé que poca gente se siente a gusto y segura enseñando lo que escribe. Tan poca quizá como la que se siente cómoda hablando en público. Pero si tienes una gran idea para un texto, nada te impide contratar a un redactor *freelance* en páginas web como *www.asja.org* o *www.elance.com* o armar el artículo que tienes pensado en colaboración con un colega al que le guste escribir. Tú propones la idea, aportas la información para el artículo y colaboras con el redactor para que tu punto de vista quede plasmado en el texto.

Los escritores de alquiler de N. B. Writers no son colaboradores, son chupatintas. Si no quieres compartir la autoría de tu artículo con un escritor a sueldo, déjalo bien claro por escrito y por adelantado. A muchos escritores no les importa la firma cuando trabajan por encargo, pero a muchos otros sí. Y las peleas por los créditos pueden ser muy desagradables, así que llega a un acuerdo antes de que se haya escrito la primera palabra.

Un colega que esté a la par tuya con quien puedas escribir el artículo es un colaborador que querrá compartir los créditos contigo —¡y los beneficios!—. Ten en cuenta que rara vez te pagan por escribir artículos para publicaciones del sector empresarial. De modo que el beneficio por trabajar con un colaborador es obtener un reconocimiento profesional por publicar en esa revista, mientras que el beneficio por trabajar con un escritor de alquiler es el reconocimiento para ti y los honorarios para el escritor que salen de tu propio bolsillo. Si la publicación es leída por la mayoría de tus superiores, te digo que vale la pena pagar cincuenta dólares la hora por la pluma experta de un graduado de Harvard.

No es suficiente con ponerse a hablar o escribir sobre cualquier cosa que hagas; tienes que arrojarles un hueso sabroso, darles una información jugosa para que se lleven a casa. De este modo te conviertes en una autoridad en la materia —así hables de la aplicación de la nanotecnología en actividades bancarias o del uso de Youtube en la gestión de crisis—, comunicándote como un experto, seguro de ti mismo, apto y cualificado. Sólo debes asegurarte de que el tema esté relacionado con tu trabajo. Si no lo está —si por ejemplo escribes un artículo para un periódico local de mala muerte sobre cómo preparar una orgásmica *crème brûlée* cuando tu trabajo es el de supervisor de cuentas—, no estás impulsando tu carrera, tan sólo exhibiendo lo que haces en tu vida privada. Créeme, a tu jefe no le importa.

EN BUSCA DE UN BOLO

Las oportunidades de dar una charla para un público de profesionales del sector son abundantes. Siempre que hay un encuentro necesitan a alguien que hable, ya sea en las conferencias del colegio profesional en el ámbito local, regional y nacional como en los congresos anuales o reuniones de otros gremios. Y por lo general hay más de un orador, lo cual significa que tienes más de una oportunidad de conseguir una actuación.

Antes de preguntar por la participación, háblalo con tu jefe. No te conviene quitarle protagonismo yendo detrás de un bolo que a él pueda interesarle. Una vez que tengas su aprobación para solicitarlo, seguramente necesitarás crear una propuesta formal. Esboza una lista de cuatro o cinco temas sobre los que te gustaría argumentar durante veinte o treinta minutos que se ajusten al escenario de la reunión y aumenten tu credibilidad profesional. Luego contacta con el presidente de la organización para informarte acerca de las posibilidades. Si tienes un vídeo de una presentación anterior que realmente te favorezca como ponente, envíaselo junto con la consulta. Y no seas tímido a la hora de hacerle saber los comentarios positivos que has recibido siempre que has tenido ocasión de hablar.

> No es necesario que te limites a los colegios profesionales. Piensa en las instituciones civiles como el Club Rotario Internacional, que realiza cincuenta y dos encuentros anuales, instituciones benéficas como el Junior Achievement, asociaciones locales de ex alumnos, cursos en las universidades y asociaciones gremiales que podrían estar interesadas en tu punto de vista, aunque no pertenezcas al mismo sector empresarial. Cada oportunidad que enganches para exponer o publicar se sumará a las credenciales que te abrirán el camino para una futura intervención. Y en poco tiempo tendrás un currículum sustancioso lleno de artículos publicados y presentaciones. Asegúrate de que estos méritos profesionales notables figuren en tu currículum y de llevar todo el material del que dispongas (incluyendo un porfolio de artículos y vídeos en DVD de tus conferencias, si es que tienes) a cada evaluación de rendimiento, para así comunicar a tus superiores que has estado entrenando tus músculos fuera de la empresa.

Considera las publicaciones del sector que tú mismo lees como una posible salida al mercado. *The Wire Industry Standard* para la gente que trabaja en la industria del cable, por ejemplo, o *What's Up Between the Covers* para la gente de la producción editorial. Mejor aún, echa una ojeada en las revistas o boletines que leen tus clientes, tus compañeros y tu jefe. Los lectores de esas revistillas son, sin lugar a dudas, tu público ideal, ya que estás buscando difundir tu pericia profesional para aumentar tu visibilidad dentro del sector y, más específicamente, dentro de tu empresa. Si estás dando el discurso inaugural en un congreso sobre las tendencias de los colores en la industria del automóvil y trabajas para DuPont, fijo que eres el empleado de la semana. Tus esfuerzos por exponer a la luz pública todo aquello que crea una imagen positiva de ti

> **UNA HISTORIA REAL**
>
> A los abogados se les exige una Educación Jurídica Continua (EJC) mediante la asistencia a seminarios a fin de mantener su calidad de miembros en el colegio de abogados de su estado. A Jon, un abogado del estado de Delaware, se le solicita con frecuencia que hable en los seminarios debido a su formación en derecho penal, la cual poseen pocos abogados de su jurisdicción. Pese a que le lleva tiempo preparar los seminarios, Jon sabe que esta inversión normalmente redunda en nuevos clientes para su despacho. Después de una sesión sobre consejos referentes a situaciones reales o a la defensa de casos de caídas en propiedad ajena suele recibir llamadas en las que, o bien le encargan casos o le piden ayuda para problemas personales. En virtud de liderar este seminario para sus exigentes colegas, se le considera un experto.
>
> Pero no olvidemos la publicidad que recibe Jon, algo de lo cual su bufete tiene el placer de beneficiarse. La firma no sólo saca partido de los clientes reclutados en las mencionadas conferencias, sino que también puede presumir de su perfil como abogado ya que Jon es un presentador habitual de estos seminarios de Educación Jurídica Continua. Su despacho puede compartir el centro de atención y el profesionalismo que se le atribuye y captar nuevos clientes, y esto, a su vez, incrementa el prestigio de Jon dentro de la firma así como su seguridad laboral a largo plazo.

mismo y de la empresa no se olvidan fácilmente. ¿Crees que la charla que diste el mes pasado en la feria más importante del año pasó inadvertida? Probablemente no, siempre que tu jefe se haya enterado (véase la táctica n.º 13: «Divulga tus logros»).

Pero es más importante para tu futuro profesional que la publicidad prolongada que obtienes mediante tu exposición genere oportunidades insospechadas, particularmente fuera de tu empresa. Cuanto más popular seas, más probabilidades habrá de que alguien piense en ti cuando se presente una oportunidad interesante. Tú mismo estás forjando tu propia suerte, ya que has salpicado todo tu entorno con animados recordatorios de tu pericia profesional y tu encanto en general.

- ▶▶▶ **Apáñatelas para firmar un artículo y dar una conferencia.**
- ▶▶▶ **Busca un grado de exposición que te consolide como un experto en tu campo.**

46. VIGILA LO QUE HACEN TUS COMPAÑEROS

Cuando estás de lo más contento disfrutando de tu propio trabajo es fácil ignorar la visión del mundo que tienen tus compañeros. Es aún más fácil pasar por alto los grandes cambios que pueden llegar a producirse en tu campo si estás enfrascado en tus labores. Parte del esfuerzo constante por conservar tu empleo exige que levantes la cabeza —con regularidad— y hagas una valoración crítica de lo que está pasando a tu alrededor. Porque hagan lo que hagan tus compañeros, tú tienes que hacer eso y mucho más.

Empieza por tomarle la temperatura a tu entorno más próximo. ¿Qué se traen entre manos los que tienen un trabajo o un nivel de jerarquía similares al tuyo? ¿Están sumándose a grupos de profesionales, asistiendo a seminarios de capacitación o liderazgo, escribiendo artículos, dando conferencias, algo de todo lo que ya te he dicho que deberías estar haciendo? Si es así y hasta el momento tenías dudas o carecías de motivación, más vale que te pongas las pilas ahora mismo. ¿Ves que ellos llegan temprano, se quedan hasta tarde, trabajan los fines de semana? Pues en ese caso necesitas llegar más temprano, quedarte hasta más tarde y trabajar más que ellos los fines de semana. Las tácticas que describí en los primeros capítulos de este libro están pensadas para ayudarte a identificar cuál es la norma, el mínimo aceptable en cuanto a calidad de trabajo y comportamiento, para que entonces apuntes más alto. No basta con no ser menos que los vecinos de los cubículos que te rodean; se trata de adelantarles y permanecer por delante de ellos para así poder salvaguardar tu empleo. Si ellos están haciendo algo por blindar sus puestos y tú no, te hallas sin blindaje en medio de la guerra, situándote en una clara desventaja en caso de que te comparen con tus compañeros. ¿Así que qué más da lo que ellos estén haciendo? Hazlo tú también. Ahora mismo.

PREGÚNTATE

▶ ¿Qué leo para estar al día respecto de las últimas noticias en mi campo?

▶ ¿Estoy siempre dispuesto a compartir las noticias o la información más reciente con mis compañeros?

▶ ¿Quiénes son los líderes en mi campo a quienes considero autoridades en la materia?

▶ ¿Quiénes son los innovadores en mi campo a quienes considero modelos de inspiración?

También has de seguir bien de cerca los movimientos de los colegas de profesión que trabajan fuera de tu empresa. Las mejores ventanas para observarles son las asociaciones de profesionales, las reuniones de los gremios y las publicaciones del sector. Escucha las charlas, averigua qué están leyendo y toma nota de los temas que discuten. Así descubrirás todo lo nuevo en materia de tendencias, temas de actualidad, cotilleos y otros asuntos que tus compañeros ya conocían antes que tú. Ponte al corriente enseguida, y luego esfuérzate en ir siempre unos pasos por delante de ellos, sobre todo por delante de tus dobles que trabajan para la competencia. No te conviene ser siempre el último que se entera de la novedad.

▶▶▶ **Mantente al corriente de lo que hacen los demás y prepárate para adelantarles.**

47. MEJORA TU TALENTO PARA LAS ENTREVISTAS

Admítelo: una vez que consigues un empleo, tu talento para superar una entrevista queda almacenado en la buhardilla hasta la «próxima ocasión» en que lo necesitas. Bien, ¿sabes una cosa? Si esperas hasta la «próxima ocasión» para desempolvar el currículum, el traje de las entrevistas y esa capacidad de improvisación despierta y segura que te hace salir airoso de una entrevista, puede que ya sea demasiado tarde.

¿Para qué seguir cultivando la picardía necesaria para una entrevista ahora que te encuentras felizmente a salvo en un trabajo adorable en el que te quedarías toda la vida? Pues porque probablemente no te quedes para siempre. Y porque al igual que tener dinero ahorrado en el banco, estar preparado para una entrevista te da una seguridad con la que te gustaría contar.

A menos que te vistas para la ocasión y te entrevistes a ti mismo delante del espejo, ¿de qué otra forma podrías practicar y mejorar tu talento para una entrevista? Empieza por recordar el proceso, sobre todo las preguntas que normalmente surgen en las entrevistas de trabajo. ¿Te acuerdas de éstas?

- ¿Dónde te gustaría estar de aquí a cinco años?
- ¿Cuál es el logro del que te sientes más orgulloso?
- ¿Trabajas mejor de forma independiente o en equipo?
- Dame un ejemplo de un problema que fuiste capaz de resolver aportando tu creatividad.
- ¿Qué diría tu jefe anterior si le preguntaran cuál es tu punto fuerte? ¿Y tu mayor debilidad?
- ¿Qué crees que te diferencia del resto de los candidatos que aspiran a ocupar este puesto?
- ¿Qué te entusiasma de tu trabajo?
- ¿Cómo haces para controlar el estrés en el trabajo?
- ¿Cómo resolverías un problema con un compañero?
- ¿Cuál es tu libro favorito?

Ya ves por qué es un buen ejercicio: no sólo hace que vuelvas a pensar en una respuesta estratégica y persuasiva, también te hace reflexionar sobre tu trabajo actual en el contexto de un cuestionario al que probablemente tuviste que responder cuando te entrevistaron al principio. ¿Has cambiado mucho desde entonces? ¿Ahora tienes mejores respuestas a raíz de tu experiencia actual? ¿O son peores? Y cómo responderías a la siguiente pregunta, que suele ser la pregunta de cierre de una entrevista:

➤ ¿Hay algo que quieras saber acerca del trabajo o la empresa?

En otras palabras, ¿qué desearías haber preguntado o sabido entonces que ya sepas ahora? Je, je.

Entrevístate a ti mismo periódicamente, es decir, con la frecuencia con que actualizas tu currículum y tus certificados de éxito. Es un modo práctico de medir tu progreso y satisfacción.

ENTONCES, ¿QUIERES EL EMPLEO?

No te olvides todos esos gestos que indican que de verdad estás ilusionado, interesado y preparado para escuchar una oferta:

- Estrecha la mano del entrevistador con firmeza y confianza.
- Mantén el contacto visual, pero no le mires fijamente.
- Siéntate e inclínate ligeramente hacia delante para mostrar interés en lo que dice el entrevistador.
- Sonríe en el momento apropiado para dejar ver que eres una persona simpática y de trato fácil.
- Mantén las manos juntas sobre el regazo; no estés de brazos cruzados, tampoco cruces las piernas.
- Asiente para indicar que estás de acuerdo y has escuchado y comprendido al entrevistador.
- No te toques la cara ni el pelo, ni tampoco otras partes del cuerpo.

Las evaluaciones de rendimiento son una oportunidad que podrías aprovechar para actuar como lo harías en una entrevista. La gente a menudo piensa en las evaluaciones como una situación en la que tienen que defenderse, responder a las críticas o exponer razones para un ascenso. En lugar de eso, manéjate en cada evaluación como en una entrevista de trabajo, donde tú eres la viva imagen de una actitud positiva, y vende, vende, no pares de vender tu capacitación, tus logros y tus aptitudes. Acude a la evaluación con tu propia agenda de prioridades a fin de promocionarte. Y por supuesto lleva tu currículum, tus certificados de éxito y cualquier otra cosa que demuestre que sigues siendo un buen recurso laboral.

Otra manera de mantenerse en forma para una entrevista es entrevistar a los demás. Ofrécete como voluntario para participar en las evaluaciones de rendimiento de tus compañeros o para formar parte del equipo de selección de personal o para entrevistar a posibles becarios. Contactar a menudo con los miembros de tu célula durmiente con la idea de hacerles preguntas también es una buena práctica. Estar del otro lado de la mesa en una entrevista te ayuda a perfeccionar tus propias respuestas y a pensar como un entrevistador.

Por último, incluso si (sobre todo si) no estás buscando trabajo, en caso de que te contacte un cazatalentos o un posible empleador no dejes escapar la oportunidad de acudir a la entrevista. Es la mejor forma de mantener tus armas bien afiladas, y además te ofrece la posibilidad de enterarte de qué está sucediendo ahí fuera (véase la táctica n.º 48: «Vigila lo que sucede en tu mercado de trabajo»).

▶▶▶ **Procura estar siempre listo para una entrevista.**

48. VIGILA LO QUE SUCEDE EN TU MERCADO DE TRABAJO

Tanto si en el mercado de trabajo de tu sector hay movimiento como si está parado, mantenerte al corriente de las novedades y tendencias te ayudará a tomar la delantera y alejarte de la línea de fuego. Estar bien informado sobre la situación laboral que se vive en tu empresa, en otras empresas de la competencia, y sobre los cambios en general que se producen en tu sector profesional, te proporcionará una percepción valiosísima ante las inminentes malas noticias. Como reza el dicho, hombre prevenido vale por dos.

Infórmate realizando un análisis DAFO, fijándote en las Debilidades, Amenazas, Fortalezas y Oportunidades de tu sector empresarial como si estuvieras preparando un plan de empresas para una nueva aventura en el mundo de los negocios. Piensa como un director ejecutivo o como el dueño de una compañía. ¿Cuáles son los principales puntos fuertes de tu compañía? ¿Qué diferencia a tu empresa de la competencia en un sentido favorable? ¿Cuáles son los puntos débiles de la organización? Dicho de otro modo, ¿cuáles son los obstáculos para el crecimiento o los éxitos comerciales obtenidos? Teniendo en cuenta esos puntos fuertes y débiles, ¿qué oportunidades ves ahora y en el futuro para tu patronal? ¿Qué amenazas potenciales se vislumbran? Ser capaz de responder a estas preguntas te ayudará a detectar las oportunidades profesionales dentro de tu empresa, y también a saber cuáles son los departamentos afectados por la crisis.

Éstas son otras fuentes útiles para vigilar lo que sucede:

- Informes de contrataciones. Consulta sitios web como TechCareers.com o HR.com, por citar ejemplos, para averiguar cuáles son los puestos que se están eliminando, a qué nivel salarial están apuntando y qué campos están sufriendo una escasez de trabajadores. Observa cuáles son los sectores empresariales que están contratando gente y cuáles los que están a punto de pasar por otra ronda de despidos. Estar al día de lo que ocurre en el mercado de trabajo te servirá para asegurarte de que tu estimación acerca de tu valor en el mercado y las perspectivas de futuro es acertada.
- Puestos vacantes. Un método rápido y sencillo para saber por dónde van los tiros es echar un vistazo rutinario a los puestos vacantes en los principales sitios web de búsqueda de empleo a escala nacional, tales como Monster.com y CareerBuilder.com, y también en el periódico de tu ciudad. ¿Qué clase de puestos aparecen con frecuencia y cuáles brillan por su ausencia? ¿Cuáles se prevé que crecerán en los próximos cinco años y cuáles experimentarán una reducción? ¿Incluye la descripción de estos puestos de trabajo algún término o vocabulario reciente que deberías aprender?
- Explora más allá de tu sector. Si bien es de vital importancia mantenerse en la cima de tu puesto, tu campo y tu sector, puede que en ocasiones te inspire curiosear en otros sectores empresariales. No te limites a leer las publicaciones de tu sector; lleva a cabo un pequeño rastreo en otros sectores afines para ver qué está pasando. Si trabajas en el suministro de equipamiento y material odontológico, aprende todo lo que esté relacionado con esa área, pero no te quedes allí. Investiga, por ejemplo, qué sucede en el campo de la odontología en materia de

contrataciones, marketing, cirugías dentales, sistemas de gestión de clínicas y equipamiento médico. Procura conocer tu sector tan bien como todos los demás sectores que pueden tener impacto en él o ser afectados por él a lo largo y ancho de toda la cadena alimenticia.

El beneficio principal de enterarse de lo que pasa en el mercado es que siempre estás preparado para ir con la corriente, lo cual supone conocer todas las depresiones y curvas que pueden afectar a tu trabajo y te dan la pauta de qué ajustes debes llevar a cabo en tu trayectoria profesional. Una vista extensa, de última hora y a vuelo de pájaro te ofrece la oportu-

PARA QUE LO SEPAS

La situación más propicia para cambiar de empleo o de campo a lo largo de tu carrera es cuando el mercado laboral está en auge, no en crisis. En otras palabras, en un momento de economía incierta concéntrate en asegurar el empleo que ya tienes, para que así puedas mover pieza cuando lleguen tiempos mejores. Dicho esto, si estás decidido a cambiar de trabajo en tiempos difíciles, dirígete a un competidor de la empresa para la que actualmente trabajas. Allí tendrás mayores posibilidades y apreciarán lo que vales más que en cualquier otro sitio. Y en el caso de que simplemente no tengas agallas para soportar un período laboral oscuro cada vez que se avecina, piensa en cambiarte a una carrera en otro campo como enfermería o educación, que tienden a ser eternamente seguros. Por último, si tu jefe te tienta con un «paquete de despido» para que te vayas durante la reducción de personal, negocia con él para conservar tu empleo por un salario menor, si fuera necesario, para que cuando te decidas a cambiar de trabajo puedas hacerlo en una época que te ofrezca más oportunidades.

nidad de enviar tu currículum, tomar iniciativas para hacer contactos y quizás hasta preparar una expedición hacia otro sector con posibilidades de rápido crecimiento; mucho antes de que tus compañeros de oficina tengan siquiera una idea de qué está pasando.

- ▶▶▶ **Observa el panorama laboral aunque no estés buscando trabajo.**
- ▶▶▶ **Infórmate sobre cuán fácil o difícil sería encontrar trabajo si realmente estuvieras buscando.**

49. CONTINÚA FORMÁNDOTE

No tienes que dejar el trabajo y regresar a la universidad para recibir una educación adicional que te ayude a cubrirte las espaldas. De hecho es mejor que te formes sin dejar de trabajar, ya que pasar a ser un desaparecido en combate hará que la gente se olvide de ti. La memoria es frágil. Si tus intenciones son permanecer en tu campo actual pero ampliar tu base de conocimientos, hazte un favor y aférrate a tu puesto mientras vas en busca de sabiduría. Además, muchas empresas se ofrecen a pagar parte o el total de los costes de tu formación continua, en cuyo caso sería casi una bobada renunciar, ¿no es cierto?

Dependiendo de tu volumen de trabajo y del tiempo que te demande tu formación —lo cual podría abarcar desde un seminario de sólo tres horas hasta uno de tres noches a la semana durante varios semestres— te aseguro que definitivamente vale la pena compaginar las responsabilidades. Te diré por qué:

En primer lugar, mejorarán las aptitudes que ya posees. Cuando mejoras en lo que haces te valoran más, porque la gente importante lo nota. Además, cuando aumentan tus credenciales se te considera más capacitado y valioso para la empresa, lo que significa que incrementa notablemente tu potencial de rentabilidad. En lo referente al nivel de estudios, un posgrado puede hacer que tu sueldo aumente automáticamente, aunque rara vez esté centrado en los negocios. Un máster en Administración de Empresas ya no es el billete ganador que solía ser, pero todavía impresiona mucho a tu jefe y, en estos días, es el mínimo requisito para ocupar determinados

PARA QUE LO SEPAS

Cada vez que leas un libro o un artículo trascendente relacionado con tu trabajo, encuentra la ocasión para comentárselo a tu jefe. Quedará impresionado de que te mantengas al día en materia de negocios leyendo en tu tiempo libre, pero a su vez sacará provecho de lo que yo llamo «una lectura prestada». Es la información que compartes sobre aquello que has leído y de la que tu jefe puede valerse como si lo hubiera leído él mismo. Así es, hasta tu jefe finge que lee los últimos libros y revistas. Lo que tú le comentes puede empujarle a abordar la lectura por su cuenta, pero al mismo tiempo puede ahorrarle tener que llegar hasta el final.

Una vez tuve una ayudante que era un lectora insaciable y que gustosamente me facilitaba un sumario de reseñas acerca de todo lo que leía, creo que porque pensaba que yo era un lector tan ávido como ella. No lo era. Pero sus reseñas eran sumamente útiles para mantenerme informado sobre libros de actualidad y otros contenidos, ¡y hasta me sentía un poco más listo!

puestos, incluso en el nivel júnior. Una vez más la imagen lo es todo, y los empleadores potenciales adoran esos títulos de posgrado, sobre todo si son de una universidad esnob, ya que están asociados a un pedigrí que puede mejorar el estatus de la empresa.

Médicos, abogados, profesores y bibliotecarios tienen que seguir formándose permanentemente para mantenerse en sus puestos de trabajo. Tú también puedes hacerlo —en tu tiempo libre y quizás a costa de tu empresa— y así preparar un terreno fértil para tu futuro.

En función de tu campo laboral y de los nuevos conocimientos que quieras adquirir, puedes llegar a encontrarte recibiendo clases en un campus universitario, en el salón de baile de un hotel o aparcado delante de tu ordenador, incor-

UNA HISTORIA REAL

Rita era una de esas personas que había pasado diez años en varias instituciones de enseñanza superior, probablemente para evitar meterse de lleno en la realidad del mundo laboral. Teniendo que cargar con la aplastante deuda de un préstamo universitario, finalmente se lanzó a buscar trabajo llevando bajo el brazo un doctorado en Semiótica (a saber qué es eso) recién concedido por una prestigiosa universidad. Era buena escribiendo y creía que el marketing era un área que debía explorar. No tenía ninguna experiencia laboral que declarar, pero por suerte para ella la entrevistó un director ejecutivo de una agencia de creación de marcas que sintió una admiración reverencial por los costosos títulos que ella atesoraba. Rita acabó en un puesto próximo a un nivel de alto ejecutivo para el que no se sentía en absoluto cualificada, con una categoría profesional impresionante y un sueldo igual de impresionante, y un jefe que insistía en llamarla «doctora». Figúrate.

porando las enseñanzas durante un curso, completando trabajos en clase o participando en un seminario de profesionales. Internet es con mucho la mejor herramienta para buscar y encontrar tanto las opciones de formación como las localizaciones que más te convengan. La educación a distancia está más de moda que nunca, y las más importantes universidades ofrecen posgrados y cursos especialmente diseñados para hacer por internet.

Lo cierto es que ahora resulta más sencillo que nunca encontrar la manera de proseguir con los estudios adquiriendo títulos de posgrado y otros diplomas igualmente valiosos. Y si ya tienes todos los títulos y diplomas y certificados que querías, haz lo que hace una de cada dos personas que tienen éxito en su profesión para mantenerse en la cima: leer, leer y leer. Absorbe toda la información posible. Incluso si vas justo de tiempo o tienes una capacidad de concentración vergonzosa, también puedes invertir tu tiempo de lectura de manera eficiente suscribiéndote a los resúmenes informativos suministrados por SmartPros.com, o bien a servicios como 800CEOread.com que te indican qué material deberías estar leyendo.

LA MEJOR EDUCACIÓN A DISTANCIA

Puedes ingresar en la categoría de los que tienen un título prestigioso sin ni siquiera moverte de tu escritorio. En la Duke University Fuqua School of Business, por ejemplo, puedes sacarte un máster en Administración de Empresas desde cualquier parte a través de su programa de educación a distancia. Conectado con estudiantes de todo el mundo vía internet, presencias las clases, realizas tareas grupales y entregas los trabajos. Echa un vistazo a los programas de educación a distancia en www.petersons.com/distancelearning.

Y lo más importante de esta táctica de blindaje: por muy beneficioso que sea para ti todo esto de la educación, no lo es tanto como debiera ser si lo que quieres es quedarte en la empresa pero la empresa no sabe nada de tus intereses. Cada curso, cada título, cada reconocimiento que recibas, cada examen aprobado es información que deberías compartir con tu jefe y la gente de Recursos Humanos. Todo esto debería constar en tu currículum y, naturalmente, deberías hacerlo saber en cada evaluación de rendimiento. Tanto si la empresa ha contribuido o no a pagar tu educación, creerá haber hecho una inversión provechosa y será menos probable que te despidan a ti antes que a ese vago que tienes sentado al lado y que ha estado en su casa viendo los reestrenos de *CSI: Miami* mientras tú hacías crujir las hojas de los libros y te superabas día a día.

- ▶▶▶ **Aprovecha el reembolso educativo ofrecido por tu empresa; si lo ofrecen es que tu empresa lo considera importante.**
- ▶▶▶ **Amplía tu formación ahora para aumentar tu valor en el futuro.**
- ▶▶▶ **Nunca dejes de formarte por tu cuenta.**

50. INCORPORA NUEVAS HABILIDADES

Estoy obsesionado con aprender un poco más sobre lo que ya sé hacer y con aprender aunque sea un poquito sobre aquello en lo que soy un completo ignorante. En parte es curiosidad, pero sobre todo es instinto de protección. Durante mi carrera he ido adquiriendo toda clase de habilidades claramente ajenas a mis requisitos laborales pero que me han servido muchísimo para forjar relaciones con gente de otros campos, permitiéndome participar en una variedad de conversaciones y haciéndome sentir competente en diferentes terrenos (¡o al menos lo bastante competente para fingir!).

Fíjate en tu entorno laboral y haz una lista de las habilidades que no posees y que te vendrían muy bien en tu trabajo. Si eres editor probablemente te serviría asomar la cabeza y adquirir un conocimiento básico del programa de diseño que se utiliza en tu empresa. Y por más que los abogados internos se ocupen de negociar los contratos con los clientes, ¿no crees que te sería útil aprender a leer esos contratos que tú tienes la obligación de cumplir?

Algunas de estas habilidades pueden aprenderse por la vía

PARA QUE LO SEPAS

Hace algunos años en un periódico de Chicago leí un artículo que me impactó y me encantó. En él se informaba que una encuesta realizada a ejecutivos y profesionales del área de Recursos Humanos había revelado que lo que más impresionaba de cualquier currículum no era un título emitido por una de las mejores universidades ni la experiencia laboral en una gran empresa y ni siquiera una medalla de honor del Congreso. Era que el candidato hubiera alcanzado el rango de Eagle Scout. ¿Por qué crees que es así? Porque los Eagle Scouts son reconocidos por su entrega, lealtad y, por sobre todas las cosas, su dominio de diversas habilidades superiores que el resto no nos molestamos en adquirir. Ya no puedes volver atrás y hacer que te nombren Eagle Scout (¡menos aún si eres mujer!), pero puede que te sirva de estímulo ser consciente del grado de admiración que despierta el hecho de poseer numerosas habilidades.

formal de un cursillo o un seminario. Otras puedes incorporarlas de manera autodidacta, investigando para aprender por tu cuenta o incluso preguntando. El abogado de la empresa probablemente estaría encantado de darte una formación de quince minutos sobre cómo leer un contrato estándar. El director de arte quizá se alegraría, o al menos encontraría estimulante que te mostraras interesado en aprender las nociones básicas del Quark, y enseguida te pondría con alguien que pudiera enseñarte los trucos del oficio.

Atrévete tú mismo a perfeccionar tu comunicación escrita o las técnicas del PowerPoint. Toma clases para hablar en público. Aprende un programa informático que es completamente nuevo para ti. Refresca el francés que aprendiste en el colegio. Cada cosa nueva que aprendas o consigas hacer mejor aumenta tus posibilidades para el futuro. ¿Y eso por qué? Porque cuanto más sabes, más vales. O si lo prefieres, cuanto más crea tu jefe que sabes, más vales. Al final tú también tendrás un currículum supercompleto y una mayor confianza en tu propia capacidad que te permitirá pavonearte al caminar.

La columnista Carol Kleiman dijo una vez que hay ocho puntos que iluminan la mirada de un empresario y te permiten ser el primero de la fila. Éstos son: idiomas, informática, experiencia, logros, voluntad de trabajo, experiencia laboral en el extranjero, flexibilidad, dedicación total al cumplimiento de los objetivos. La mitad de ellos definen quién eres, pero la otra mitad son cosas que podrías aprender. ¡Ponte a ello! Y luego, tal como ella dice, sé el primero de la fila.

▶▶▶ *Nunca dejes de aprender. Nunca.*

GRÁBATELO

Estar preparado para cualquier eventualidad relativa a tu trabajo es de sentido común. Te proporciona la confianza necesaria, ya sea para aclimatarte a las tormentas como a los días de sol y cielo despejado. Tu madre te decía que llevaras ropa interior limpia por si sufrías un accidente, ¿no es cierto? Valga esto como corolario de ese magnífico consejo para blindar tu puesto de trabajo.

▶ Ten un dinero ahorrado, un currículum siempre listo y actualizado, y una próspera red de contactos.

▶ Date a conocer ante los colegas de profesión, los altos rangos que toman las decisiones y los líderes de opinión dentro de tu campo laboral.

▶ Mejora y aumenta de forma constante tu base de conocimientos, prosiguiendo con tu educación y cultivando nuevas habilidades.

Estar preparado es la forma más eficaz y sencilla de blindar tu puesto de trabajo a largo plazo.

AGRADECIMIENTOS

En un período de tiempo muy breve escribí *Cómo blindar tu empleo* para algunos amigos, ex compañeros, familiares e incluso espectadores que me han seguido en la televisión durante años: todas ellas personas que se hallan sin trabajo a causa de una economía en apuros. Esta gente ha sido víctima de los «recortes de plantilla» y las «reducciones de personal», lo que no son más que términos basura para referirse a los despidos que se producen porque el precio de las acciones de una sociedad cayó unos céntimos o porque un pequeño o mediano empresario se tragó todo el alboroto mediático de la recesión. Alguien tenía que pagar, ¿no es cierto?

Como cazatalentos y experto en ámbitos laborales, sabía que había algo que estas decenas de miles de personas que eran despedidas cada mes podrían haber hecho para proteger sus puestos de trabajo. Por eso existe este libro. Pero no hubiera sido posible sin un grupo maravilloso de personas tan comprometidas con el valor de mi mensaje como lo estoy yo.

Siempre he sido lo bastante listo (y afortunado) para rodearme de gente inteligente, leal, trabajadora y entregada. Mi editor, Adam Korn, es el que se lleva la palma. Supo captar el concepto y la urgencia de este libro desde el primer momento y se movió a toda velocidad para acelerar su publicación. Estaba enfrascado en la dirección de este proyecto y lo cierto es que trabajó más de la cuenta para que se concretara lo antes posible, por lo cual le estoy profundamente agradecido. También le doy las gracias a Stephanie Fraser por su arduo trabajo y dedicación a este libro.

Me siento afortunado de formar parte del equipo de Harper Collins, brillantemente liderado por su editora Hollis Heimbouch. Hollis posee unos instintos fabulosos y estoy agradecido de que me comprendiera, supiera ver la importancia apremiante del tema y actuara con valentía y decisión para hacer llegar cuanto antes este libro a las manos de quienes más lo necesitan.

Dirijo una nota especial de agradecimiento a Lisa Sharkey, directora de Desarrollo Creativo, la primera persona que me concedió un lugar en la televisión como experto en ámbitos laborales y una de las primeras en apreciar el valor potencial de este libro. Su entusiasmo es contagioso y ella sin duda consiguió que esta experiencia de publicación fuera enriquecedora para mí. Agradezco sobre todo la amistad que Lisa y su esposo, Paul Gleicher, un gran arquitecto residencial, me han brindado a lo largo de los años.

Gracias a Steve Ross, Angie Lee, Doug Jones, Larry Hughes, a la directora de Marketing On Line, Felicia Sullivan, y a los héroes insuperables del campo editorial: Diane Aronson, Nikki Cutler y Neil Otte.

También quiero agradecer a Jamie Brickhouse del Departamento de Conferencias de Harper Collins, quien mantuvo mi agenda ocupada todo el año *(www.harpercollinsspeakers.com)*.

Y por último, gracias al presidente de Harper Collins, Michael Morrison, con quien comparto el parentesco y la amistad de las maravillosas Jeannie y Lou Bochette, quienes con generosidad me han dado su apoyo moral y afectivo durante tantos años. ¡Lo que es el destino!

Un especial agradecimiento a Dave Hathaway de Barnes & Noble, un ejecutivo astuto y trabajador que fue generoso al darme un consejo sabio y oportuno. Y otro a mi buen amigo Keith Ferrazzi, autor de *Nunca comas solo. Y otros secretos del éxito (Never Eat Alone: and Other Secrets to Success)* y *Una relación por vez (One Relationship at a Time)*. Keith fue una fuente de inspiración para este segundo libro.

Quiero agradecer especialmente a Brian Kuchta, que trabajó para mí y conmigo y fue mi conciencia y mi cerebro. Gracias. Siempre he necesitado la valiosa contribución de Brian.

Por supuesto, quiero dar las gracias a Casey McNamara, a mi hermana Laura Viscusi, que siempre ha blindado mi trabajo, y a mi esposa. Sin ellas dos, este libro no existiría. Gracias también a Ross Garnick, marido de Laura y maravillosa contribución a la familia, además de ser de gran ayuda para mí. Estoy asimismo en deuda con mi amigo Russ Schriefer y su esposa, la autora Nina Easton, quien me dio muchas ideas para este libro. Gracias también a Kyle Prandi, que siempre ha sido una inspiración para mí.

Otros agradecimientos especiales van dirigidos a —ellos saben bien por qué— Joseph Sullivan, Michelle y Jerry Birnbach, Jim Druckman, Chris Kennedy, Mark Falanga, el padre William Bergen, la Compañía de Jesús, Elaine Peake, Dr. Gerald Pittman, Joseph Cohen, Lars Henrik Friis Molin, Dick Boles, Jeff Taylor, Carol Barnes, Pam Tighe, Jessica Guff, Eve Tahmancioglu, Linda Stern, Stephanie AuWerter de SmartMoney, Lisa Belkin del *New York Times*, Dalia Martinez, Enrique Rivera, Neal Conan del programa de radio *Talk of the Nation* en la NPR, y a Kyle Prandi por ser un amigo que me apoya.

Gracias a mi difunta madre, Mildred Albanese Viscusi, que

conservó un empleo durante toda su vida —en Macy's—. Ella amaba ese trabajo y me inculcó los valores de la gente sencilla y trabajadora, especialmente el respeto hacia mi superior. Murió de un cáncer de mama a los sesenta años en 1993. Mi padre, actualmente enfermo de Parkinson, también realizó un solo trabajo como tipógrafo. Ésta es la gente obrera y luchadora que constituía todo el mundo laboral y que siempre me ha inspirado.

Finalmente, gracias a mi agente literario y arma secreta, Karen Watts. Conozco a Karen desde que escribí mi primer libro *On the Job: How to Make It in the Real World of Work*, pero fue ella quien dio a luz *Cómo blindar tu empleo*. Karen trabajó incansablemente para que este libro fuera posible, mientras su marido y su hijo se quedaban sin mujer y sin madre durante dos meses y tenían que cenar copos de maíz. En parte, mi libro está dedicado a su agencia, Karen Watts / Books. Gracias Karen.

Visita *www.bulletproofyourjob.com* si quieres leer mi *blog*, NAME, o registrarte en el foro. También puedes enviarme tus preguntas por correo electrónico a stephen@viscusi.com.

08 09

HOW TO MAKE MONEY BLOGGING

HOW THIS BLOG MAKES $200K PER MONTH
ULTIMATE BEGINNERS GUIDE

HAROLD J. HYATT

Table of Content

Introduction 1

Chapter 1 – Blogging Skills 2

Chapter 2 – Some Ways to Start your Blog 6

Chapter 3 – Increase readership to raise money using basic level techniques (for beginners) 10

Chapter 4 – Advanced ways to generate money by increasing readership (for experienced bloggers) 14

Chapter 5 – Ways to Catalyze Earning Through Blog Posting 17

Chapter 6 – Generate Income by Advertising 20

Chapter 7 – Other ways to generate income from your blog 23

Conclusion 26

Introduction

Blogging has become a trend now. You will see anyone who wants to get started on writing or anything remotely related to it will first go towards blogging and later on after gaining experience and expertise switches to another job that is quite linked to it. Most new bloggers do it for free but very few know that blogging can become a very income generating field of work when you put your 100% in it.

People who stop blogging often complain that it takes much of their time with little in return but what they fail to see is that the problem does not lie in the money or the pay back but in the small time they spend doing some quality work. New bloggers struggle more as compared to their seniors and it is justifiable as there's no degree on blogging, the only way you can learn to blog better to earn more is through experience and exposure to the internet world though some computer classes might help you in designing your blog too.

Just as in any other profession; you go from bottom to the top if you work hard, same applies to blogging as well. Beginnings are airways hard but they key is not to lose hope. It does not matter if you are working from your home computer or using an internet café, jobs are supposed to be hard. Money do not fall on your lap automatically by placing a laptop on it. You need to work on your blogging skills too. You need to polish the blogger that is born within you. You may be a part time blogger but if you know how to make good use of your part time job. Trust me; money is going to knock at your door every single day.

Chapter 1 – Blogging Skills

Blogging is not an easy task as it may seem. Though it does not require you to go to a college or earn some specialization but if you want to make some money out of it then you need to have certain type of skills that are required for successful blogging. Without these skills, you may become a blogger but you won't be able to use it for living. Therefore, if you do not have these skills you must know about them to make sure you develop them with time and experience. Always remember that you earn more when you are skilled so here are some qualities that one must possess in order to become a successful blogger.

- **Writing skills is a must:** If you cannot even form a single sentence in a grammatically right and acceptable manner how are you supposed to write well on a whole blog? You should reconsider your choice of earning if you cannot deliver your thoughts through writing. It is commonly assumed that a person who is good at speaking will definitely be good at writing too but this is not the real case. You might be an excellent speaker but you may lack proficiency in writing. Therefore, before you decide to blog, make sure you have the basic language skills. You can always improve with time!

- **Basic computer knowledge:** Although blogging does not require you to do earn some high level degrees but you need to be aware of some basic computer knowledge. It is the main tool that you will be using therefore, build some understanding of it. Additionally, if you want to start as a pro you can take some HTML training classes. It will help you design your own blog and will save you the trouble of having to ask someone to do that for you.

- **A marathoner, not a sprinter:** A successful blog writer is the one who puts in intensive hard work, is persistent in his task and a marathon runner which means that he/she is able to carry on his/her hard work without stopping anywhere in between. Writing a blog itself may not be tiresome but earning pennies from it, surely is! Only celebrities are able to gain hundreds of dollars overnight by writing a blog because they already have a number of followers who would love to read up on what they have written. In order to build readership, you do require qualities similar to a marathoner. Sprinters do not get successful in here!

- **Passionate about blogging:** To create a blog you just need a few clicks but maintaining it requires passion which means that you need to connect with your blog on emotional level. If you cannot obsessively get involved in your blogging then you probably need to rethink and should not chose this field or the topic you think you will be blogging on.

- **Initiator:** One way to learn blogging is through following senior bloggers and observing how they work but remember that this would only help you if you have great observing and picking up skills. Another way to learn blogging is to start doing things on your own. Successful bloggers do not like to be fed by spoon rather they take initiatives. They are up for experimentation and always looking for improvements.

- **Creatively do the work:** Anyone can write a blog on a number of topics. But what makes one successful at blogging is how they differ from other bloggers in the market. How creatively they write a blog and what novelty do they bring on the table, is what that really matters. You can simply state facts in your blogs. The reader is not looking for the facts but what you infer from it. The more creative you will be in this, more chances of success are there!

- **Consistent:** You need to keep updating your blog to build regular readership. If there is no readership for your blog, no matter how many blogs you write, they are useless and will not help you earn even a cent. Remember that the more you update your blog, more the readers will build trust in you and will keep coming back to your website.

- **Socially intellectual:** When you read a blog, how do you feel about a blogger? How do you think he would be? What image pops up in your mind? A social, talkative and intellectual being. Right? Then it is true that a blogger must be socially intelligent which means he knows what and how to post, how to interact with and gather audience and how to promote himself in the masses. He should be mature enough to accept and have regard for the criticism on his work.

NOTE: Listing these skills does not mean that you ought to possess all of these skills to become a blogger. You may have some while you may develop others in the meantime and some skills may even be missing from the list but the only thing that you need to realize is that the more skills you will possess, more successful your blogging will be and as result, more money will get into your pocket.

Chapter 2 – Some Ways to Start your Blog

Now that you know about the necessary skills that are required by a successful blogger you must also know what it takes to start a blog. If you begin with the right brick, you will end up making a concrete house. Therefore, the following tips are vital for you to follow. Following are a few ways using which you can create for yourself an attractive blog that may help you earn some handsome amount of money:

Choose an attractive name: Most of the blogs out on the internet world have quite funky names that do not make any sense. While selecting a name for your blog keep in mind that many readers judge your blog by its name, just like they select a book by reading its title. Therefore, you must select a funky yet intelligent name for your blog that not only is attractive but also clearly defines your blog's vision or mission. Take your time on this. Do not hesitate to ask for help. Contact an advisor and get some suggestions. Brain storm and pick the most intelligent name for your blog. In order to make sure that the name you have chosen for your blog is not already taken up you can use online sites such as godaddy.com.

This will save you some legal troubles such as penalties on replicating names (Yes, it does happen!). Always remember that your blog will be known by its name first then by its content, try choosing a name that is easy on tongue so when people refer it to others they do not remain all stuck on the name.

Immediately buy the name and its variations: What happens most of the times is that when a new blogger finally decides a name for his/her blog, he/she procrastinates purchasing it and when they go for buying it, they find out it is already taken. The whole brain storming goes all in vain. So, if you ever just come up with a name that you feel 90% sure of using, immediately purchase it. It only takes a few dollars. You can do this using online sites or simply use goddaddy.com website to book it for you. Thousands of blogs are made each day who knows, someone's mind might be like you. If you are not yet sure if you want this name as the final contestant then it is recommended that you only purchase the name and not its variations. It will cost you less and the name will be safe too as a back-up plan.

Platform your blog wisely: When you decide on blogging make sure you get on the right track. There are a number of blogging platforms available out there now but back before 2008, there was hardly only one which was overcrowded as it was popular among the bloggers. With increasing technology, the blogging process too has evolved as has become a little complex yet increasingly organized and competing. Make sure you choose the platform based on your level of understanding on how to operate it, how well it serves you and its ratings in the market. Type pad and word press are two such examples. Another thing to consider while selecting a platform is to see what is its SEO, which has something to do with how higher your blog will be placed on the list while people search on google or any search engine as a matter of fact. You already know that people who use google usually do not go beyond the first page. So, if you want to reach audience chose an SEO wisely. Take your time to research on it. Do not feel hasty.

Design it: Now once you have your blog all ready with you, try to decorate it to make it look eye catching. It does not mean that you add unnecessary pictures or border lines to it but simply make it look colorful and eye catching to people. Because now-a-days besides the content, context really matters. If you are not a pro at designing, get someone to do this for you or try taking some time out to learn how to do some ground level HTML designing. A blog that is overly designed and the one with least text to context variation gets a lot of criticism and is not so popular among the audience. Your designing should reflect your professionalism.

Plan the content beforehand: Although this step is written at last but you know there's no use of buying and doing all these efforts on a blog when you do not have anything interesting to post on it. So technically, this should be the first step but anyhow you need to make sure that you have already prepared at least 5-10 posts that you are going to blog about in coming weeks to keep the audience engaged and meantime get some work done on the other set of 5-10 posts. It's a cycle that you must follow in order to settle in.

When you actually go out in the field you will find quite a lot of technical mess around. These guidelines will help you avoid it and save you from a lot of trouble.

Chapter 3 – Increase readership to raise money using basic level techniques (for beginners)

As already mentioned, for earning money from a blog it is really important to build some readership otherwise your blog would be of no use. It would be just as useless as any other piece of junk at home. In fact, you will only be paying for broadcasting your blog but you won't be getting anything in return. So, if you don't have enough readerships, it might cost you a lot. In this chapter, we are going to cover some tips and tricks to make sure that you do not run out of the readers. Because they are the ones who are going to help you keep some money in your account, so why not learn how to keep them? Let's get started:

- **Produce content that is quality wise unique:** New bloggers believe that they will attract the intellectuals or the reading freaks out there if they write long content, carrying details that are repeated over and over again in different ways. But in a world where people rarely get time to read a book in hard copy, why would you think they would spend hours reading your repeated points over the internet? Won't they prefer spending this time surfing the internet, using Facebook or watching a video? Yes, they would. So, instead of writing pages after pages, try adding quality content in your text and forget about the length. It does not really matter at all. Keep your blog updated with quality content. It is not an exam paper in which you just have to keep on writing whether you know it or not, in the hope of getting overlooked. This is your public domain. There will be many readers not just a single examiner.

- **Subscription steps should always be simple:** In order to build readership, make sure you provide a subscription link along with proper and simple instructions on how to subscribe to your blog in your every post. You can also put incentives on subscription to attract people. You know when people subscribe you; they get notified for your every new post you make on the blog. When they will open it, your reader rate will be increased and so will your money.

- **Engage with other blogs:** Ever seen a Facebook page which comment on other pages? If yes, then you need to know that this is their strategy to increase their viewers. They do not do it out of love of others. You could do the same with your blog. When you leave a funny or may be even an intellectual comment on posts made by others then people start noticing you more. Some may even start liking your comments and ultimately follow your blog. Be interactive, reach out for others and you will see that within less time and using less effort you will be able to ace your blogging goals.

- **Increase social interaction:** Very few people actually bookmark a blog or subscribe to it unless they often see the posts from the blogs being shared at some social media websites such as Twitter or Facebook or unless they find it funny or intelligent. You know that making a Facebook page and sharing a link to your post is free. So, why not avail this cost free service? Make a page and start promoting yourself now. You will see how your readership goes from 0 to 100 in a matter of few days.

- **Choose content that the population seems to be interested in:** While deciding to choose what to write on, make sure you do your research on the most prevalent interest among your audience. Do they like memes or do they like political commentaries or do they simply enjoy satirical content? Or alternatively, you can try as many genres as you like and see the respond rate and then decide for yourself about what you are best at for providing your audience. You may end up attracting a specific set of audience. Do not worry because nonetheless, your readership will be increasing and they might share your posts that could also make you it go further above.

- **Design:** In order to attract readers, make your blog eye appealing which simply means that you need to design you blog really well. You can add gifs, videos and even interesting links and images on your blog that you think that your reader may find attractive. Designing your blog will also help you arrange your ideas in a creative manner.

Chapter 4 – Advanced ways to generate money by increasing readership (for experienced bloggers)

In the previous section some basic techniques that any new blogger can use to increase its readership was discussed that were simpler and could be easily used by anyone who is new in the field whereas, in this section some advanced ways to do so will be discussed. The purpose of separate sections is to ensure that bloggers at every level get benefits from reading this book. Following are those techniques:

- **Be a guest blogger:** Generally, it won't seem possible that any other blog allows you to post on it but sometimes they do allow it and ask for the same in turn. It is not that bad a deal. If you cannot find any then, this is where your friends and other professional relationships come into play. Request them to allow you to be a guest blogger on their website. It will assist you in gathering readers from other websites as well. If they find your posts interesting then they will definitely visit your blog and ultimately start following you.

- **Your content should be SEO friendly**: It simply means that you add such keywords in your blog content that is easy to be found on search engines, no matter whatever it is. Or you could simply get your blog affiliated with some kind of search engine such as google or ask. People will type in the keywords and your blog will appear on the 1st page. For this, you may have to pay up a little but it would go in your own favor. Better lose some pennies and gain dollars in return.

- **Make it speedy to load:** Remember when I talked about designing your blog? I asked you to add multiple images, gifs and videos to make it look attractive but one thing I did not mention before and that is if you add too many pictures, videos or links, your blog is going to take a lot of time to load and you would not like it happening. Right? Because users do not stick to a blog which takes forever to load. So, make sure that your blog is speedy and well designed as well. Because people either leave a blog for it being too time costly or for being dull and colorless. If you are able to create a balance between them then you will wake up to find that your readership chart is going up every week and so is your bank balance.

- **Chose a topic that is evergreen:** Mostly blogs get abandoned because they are meant for specific period in time. For example let's say someone has wrote on Donald trump; becoming the president of America. People may view this blog maybe for a week or so and may ultimately abandon it altogether after all the hype about elections is over. It is okay to add such content in your blog but if you want to earn more readership and money, try adding content that is evergreen. For example, you may write on emotions, create a meme that is most likely to stay on the mainstream of internet for some time longer.

- **Keep posting:** People usually have short term memory when it comes to remembering someone who does good stuff over the internet. You must have witnessed it happening to someone who got so viral and then sometime later when he stopped posting, people forgot about him and moved on to someone who was just as creative as the guy before but he knew how to remain in newsfeed. Same is the case with bloggers. You may give 100 hit posts but once you stop posting, people are going to move on. Do not let it happen. Always be up for the new ideas. Keep updating your blog.

- **Respond to your audience:** Whether it be a good or a bad comment, goes in your favor or against, do not ever delete it rather take it in a good sense and respond to it. What happens mostly is that even the senior bloggers do not tolerate criticism and they delete comments or the person who engages in doing so. Learn to appreciate your readers. Understand that you are writing for them and if they find anything disagreeable they have the right to say it out loud. If someone engages in personal attacks on your blog, simply ignore him/her. People who are truly committed to your blog will not be affected by such hideous comments.

These tips will help you increase your readership and will ultimately help you raise money out of blogging. So do not feel hesitant to follow them, no matter at which level you are.

Chapter 5 – Ways to Catalyze Earning Through Blog Posting

One direct way to increase your earning from your blog is through posting and increasing readership which has already been explained in the previous section. In this section you will be taught some more indirect ways to earn money from your blog. For this, you need to keep in mind that through your blog you cannot just post the content that you have written for the audience but you can also promote your other skills as well that may get you publicized and help you generate money.

- **Start online classes:** The best way to earn money through blogging is to add links in your blog, the sites or emails where people can contact you to take online courses on blogging or marketing or anything that you can offer to teach. But you need to remember that in order to do so, make sure that you have the expertise and the classes should be very inexpensive otherwise people won't sign up in the first place. Once you start doing it, you can increase the money on your teaching with time. Teaching an online course is simple and easy, all you have to do is set up some audio or video device and do a conference call session with your students. You do not even need to take a bus for this as everything that you will be dong could simply be operated through equipment that are easily available in your home. You see how cost effective it is. In order to promote yourself as an online teacher, you could ask your former students to post some testimonials on their pages or on your blog. This will help you attract both students and some handsome amount of money.

- **Write E-books:** If you are good at writing then you can do it easily. All you need to do is to spare sometime out from your schedule to write some E-books. It hardly takes 2-3 hours to write one if you are an experienced writer. Trust me; you can earn more in writing e-books than in writing blogs. But both processes help each other in some way. You can recommend your books on your blogs and writing e-books will help you write a blog better. You see it is a two way process so, why not pair them up and earn the combined amount. You can easily earn up to $2000 per month. The plus point is that you do not even have to learn any extra skill. Everything is so interlinked.

- **Do some public speaking:** It is very common now-a-days that media other than social one, invite famous bloggers and vine makes over their shows to hear it from them. When it comes to publicity never miss a chance on it. Go to TV shows, give some inspirational or motivational speech, share your ideas and invite people to join you through your blog. Also, this could be an interesting way to get to people who have not heard about you at all. If they find you or you work interesting, they may end up searching and following you.

- **Try freelancing:** Blogging's basic skill; writing, can get you a lot of money if you know how and where to use it. As already mentioned that you can write e-books, extra blogs and so on but free lancing is different because it allows you to post your stuff on magazines. Hard form publication is of more worth as compared to the publications that are made online. You can easily earn up to $30 on publication of an article. If you can spare some time out then this is also another catalyzer that will help you earn money. You can also advertise your freelancing job at your blog. Those who need you, will definitely contact you.

You see your blog cannot only be used for displaying your pretty pictures or all the fancy quoted words but you can generate a large amount of income by combining other tasks with it as well. Advertising yourself is not prohibited anywhere in any law. So do not be afraid to do it. Blogging's main goal should not only be to earn money but to let the world know that what you are capable of doing. If you can communicate this to the world then it is a 100 % guarantee that you will get responses that will carry with themselves some handsome amount of money as well.

Chapter 6 – Generate Income by Advertising

In this section we are going to focus on how money can be generated through advertising on blogs. Because this one is the tricky, therefore, it needs special attention. You need to know that in order to start advertisement on your blog, you need to have the following criteria already fulfilled because this will help you get the ads to advertise.

1. The content of your blog is excellent
2. You have already build up some readership
3. You know how you can maximize your profit
4. The blog design is well prepared to receive the ads

Many new bloggers would want to start this advertisement spree as early as possible but the problem with it is that when you are new at blogging, you do not have enough readership people won't buy into your ads and the ad agencies will feel that you are incompetent to do the job whereas in actual you may really not be. Therefore, fulfilling the above mentioned criteria is vital to get started with this new process of monetarization.

Now we are going to look at some prerequisites in detail:

- **AdSense:** If you really want to generate income from ads then make sure that you have at least 1000 regular visitors on your blog and most of them should come from an indirect search engine link. The people who come from search engines are more likely to click on these ads then the ones who directly opens your blog. Moreover, good Ad sense means that you know that how much you can compromise on the reader experience. Usually it is recommended that you use ads after the content of your blog finishes; between the blog and the comment section. But in such cases, people who do not read the full blog, do not get to see the ad and thus your ad click rate will go down. Some suggest that you keep it on the top but some users get shooed away when you do this. So it is always better to keep the ad in the center. You could also use plug-ins in order to give you clients a better experience of both the blog and the ad. Make sure that the ad you are posting is not microscopic but easily noticeable by the readers.

- **Create some space in your blog:** Alternatively, you could fix a spot in your blog where you put the ads so the readers already know where to look for if they are interested in the ads. Some websites chose the extreme right column of the blog while others put it in the center and while some others put it in the bottom. It all depends on you. The more money you want to generate by ads, more space and precise location to it given. If the companies want you to put a certain ad in a certain manner then you need to manage conflict of interest, if any arises.

- **Approach the advertisers:** Do not wait for the advertisers to approach you rather search up for them. Tell them that you are interested in doing so and would accept some amount of money as a commission. Mostly the advertisers ask you about your readership rate and judge your ad sense. Therefore, be ready to answer some tricky questions. You can also do some homework by tracking down some of the advertisers and what they demand and then apply for it. One thing that you really need to make sure is about whether or not the ad you are applying for is related to your audience or not. For example, if most of your audience is a student and you have ads on jobs then students are more likely to click on it. After you are done doing it, email or contact to the best suited advertisers and explain it to them why you want to do it and how will it help them and what would be your commission.

Note: Do not make your blog entirely ad specific, you can choose a portion for each of the things that you want to promote using some supervision from a senior blogger, If you limit your blog to ads only, trust me you are going to suffer a lot not only monetarily but also, your reputation as a blogger may suffer. People will see you more as an advertiser than a blogger so make sure you create a balance.

Chapter 7 – Other ways to generate income from your blog

In the previous sections we have learned about some most important tips to generate oncome from blogging. In this section we are going to review some simple yet taken for granted ways using which we can increase our income up to 20% more. Following are these:

- **Create membership:** There is no harm in selling some portion of you blog to someone else who cannot afford buying a whole blog. For this reason you can do two of the given things; just as you keep at your home a paying guests, similarly you can rent your blog to others and generate some income on monthly basis. This will not only help you promote your blog but will also assist you in money making. The second yet a very indirect way to gain profit are through selling some portion of your blog permanently to someone. In this way you can increase your viewership and ultimately increase your income.

- **Do not overwork on your blog:** At times we may get exhausted working solely on our blogs. It is ok to take a break but wasting that break is an unacceptable thing to do when you really want to generate some money. So, instead what you should do is to visit the blog of others during this break, make some comments, develop professional relations with other bloggers and surround yourself in the company of those who can give ideas that are new and innovative about money generation

- **Experiment:** If you are capable of doing extra hard work and if you can run two blogs at the same time then do not be afraid to play around for a while. It will also give you options as in which blog you can use to generate more income or both if possible. Try out new things. Do not shy on writing about topics that are not socially acceptable but make sure you write on them as people are most likely to read it and review it. Write about things other than your personal interests. See the response rate and try out other things as well.

- **Make use of your paying guests:** If you are sharing your blog with someone then you can ask him/her to attract people and invite them to your blog by using his/her own social circle. It is always better to have two than one. Right? For example if you can attract 500 people and if your paying guest can attract more than this than you can offer him/her some amount of money to do it more for you. A little sacrifice is healthy.

- **Join some advertisement agency:** Well, in previous section you have learnt that money could be generated using advertisements but the fact Athat we have to find advertisement agents in order to do so could be rewarding but tiresome. Drop out your CV at various some advertisement agencies. Who knows you may get a phone call for joining. If you can convince the ad agencies that they could get benefit from joining hands with you then there is no stopping them from hiring you. You will get some handsome amount of pay as well.

- **Publication Requests:** As a blogger you might get a lot of requests to publish some work of others on your blog probably because the person does not have a blog to post to. You should always say yes to it but make sure you do not compromise quality content over money at all. Some people may simply want you to post their pictures, do not refuse but make a day specific for fulfilling the requests of others using some small charges.

- **Donations:** If your blog carries content or has vision that is serving the social good then do not shy away from asking money as a donation to carry on your good work. People, honestly speaking, donate to good causes when they see it. Initially you may get rejection from people around. You may not be able to collect enough donations but be persistent and keep the good work up. People will donate.

Conclusion

Blogging is a skill and earning money from it is an art that is both easy and difficult at the same time depending upon your personal resources which could be enhanced by experience as well as personal interest in the task. There are many ways to earn money from blogging and there is no single rule on choosing between them. One may simply write a quality wise excellent content and attract the readers using some social interaction or use some indirect ways to pull readers towards your site such as by becoming an SEO friendly blogger and so on. While other ways to earn income through blogging is that you use your blog for personal promotion as well.

No matter which way you use or which direction you take, your purpose should be ethically right and morally sensible i.e., you do not violate the principles of blogging. If you see that you can generate more money through advertising alone then better be an advertiser, not a disguise under the name of a blogger. You may choose one from the many ways mentioned in the sections before or you may simply use a combination of them to make sure you keep your pocket heavy. But it is also important to realize that, you create a balance, keeping blogging your first priority. You see, the whole process of earning money revolves around blogging.

Being a new blogger, you may face a lot of struggle finding time and rationale for your content but keep in mind that even though blogging does not require you to earn a degree or something but it requires a lot of time and effort on your part. If you can do it, then you deserve all the money in the world and there is no stopping you.

Made in the USA
Columbia, SC
23 August 2017